汽车
维修业务接待

程国元 潘明明 主编

QICHE

WEIXIU YEWU JIEDAI

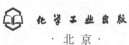

化学工业出版社

·北京·

本书由知名汽车品牌4S旗舰店店长、维修总监及部分职业院校从事职业教育多年的汽车教育专家编写，书中以实际汽车4S店汽车维修业务接待活动为主线，设计了完整的内容体系，同时按照汽车4S店的真实场景就相关知识点展现在图书上。具体内容包括：汽车售后服务概述、客户关怀、汽车维修业务接待流程、汽车维修业务接待专业能力素养。本书内容翔实，图文并茂，注重实例介绍，真正实现与企业间的零距离无缝对接。

本书可作为广大汽车行业业务接待和相关从业者学习用书，也可供广大汽车4S店及相关机构作为培训用书，并且可作为职业院校相关专业的教材。

图书在版编目（CIP）数据

汽车维修业务接待／程国元，潘明明主编．—北京：化学工业出版社，2018.12
ISBN 978-7-122-33207-3

Ⅰ.①汽… Ⅱ.①程… ②潘… Ⅲ.①汽车-修理厂-商业服务 Ⅳ.①U472.31

中国版本图书馆CIP数据核字（2018）第242150号

责任编辑：韩庆利　　　　　　　　　　文字编辑：张绪瑞
责任校对：杜杏然　　　　　　　　　　装帧设计：刘丽华

出版发行：化学工业出版社（北京市东城区青年湖南街13号　邮政编码100011）
印　　装：北京京华铭诚工贸有限公司
710mm×1000mm　1/16　印张15¼　字数287千字　2019年2月北京第1版第1次印刷

购书咨询：010-64518888　　　售后服务：010-64518899
网　　址：http://www.cip.com.cn
凡购买本书，如有缺损质量问题，本社销售中心负责调换。

定　　价：59.00元　　　　　　　　　　　　　　　　　版权所有　违者必究

前言

改革开放以来，我国的国民经济快速发展，汽车已逐渐走进千家万户。随着汽车保有量的急剧增加，人们对汽车服务的需求越来越高。汽车属于耐用消费品，都说"买车容易养车难"，所以汽车售后服务亟待跟进。实践证明，优秀的专业服务人才能给企业带来巨大的社会效益和经济效益。汽车维修企业是为汽车使用者提供服务和保障的行业，现在很多汽车维修企业十分重视规范化服务，汽车维修业务接待作为汽车维修企业的窗口，代表着企业的形象，这一职位越来越显示出其存在的必要性和重要性，越来越受到汽车维修行业管理部门与维修企业的重视。汽车维修业务接待是现代汽车维修企业服务的重要组成部分。其另一名称是"汽车维修服务顾问"。经过几年的发展，"汽车维修服务顾问"已逐步成为汽车维修企业经营管理中的一个重要岗位，其服务质量的好坏已作为衡量汽车维修企业好坏的直接标准。从众多企业的成功经验来看，只有在汽车维修业务接待这个"第一窗口"彻底改善服务，才能降低客户的不满意率。可见，汽车维修服务顾问与汽车维修企业的发展有着至关重要的作用。正是在此背景下，我们组织编写了《汽车维修业务接待》一书。

为了能更好地培养适合汽车销售和汽车维修业务接待岗位的人才，我们组织了知名汽车品牌 4S 旗舰店店长、维修总监及部分职业院校从事职业教育多年的汽车教育专家作为编写队伍，以实际汽车 4S 店汽车维修业务接待活动为主线，设计了完整的内容体系。同时按照汽车 4S 店的真实场景就相关知识点展现在图书上，真正实现与企业间的零距离无缝对接，形成本书最大特色。本书在编写过程中真诚感谢提供支持帮助的各位企业老总、同行及参与院校领导。

本书由程国元、潘明明担任主编，参加编写的还有储骏、杨光明、魏金营、江滔、徐峰、杨小波、周宁、姚东伟、潘旺林、卢小虎、陈忠民等。在此，我们真诚地感谢为本书的编写提供支持帮助的各位企业老总、同行及参与院校领导。

本书内容翔实，图文并茂，注重实例介绍，内容深入浅出，特别适合广大汽车行业销售和维修业务接待从业者学习参考，也可供广大汽车 4S 店及相关专业的职业院校作为培训教材选用。

由于工作繁忙，再加上编者水平有限，书中疏漏和不妥之处请广大同行和读者批评指正。

编　者

目录

第一章 汽车售后服务概述 … 1

第一节 汽车售后服务简介 … 2
一、汽车售后服务概念 … 2
二、汽车售后服务的内涵 … 2
三、汽车售后服务的主要特征 … 3
四、我国汽车售后服务现状 … 4
五、汽车售后服务业的发展对策 … 5
六、创新汽车售后服务模式 … 6

第二节 维修业务接待岗位 … 8
一、维修业务接待岗位定位 … 8
二、汽车维修服务顾问的作用 … 9
三、汽车维修服务顾问岗位的工作内容 … 10
四、汽车维修业务接待流程 … 11
五、汽车维修服务顾问岗位职责 … 11
六、汽车维修业务接待的素质要求 … 12
七、4S店售后服务部组织机构与岗位设置 … 14

第三节 汽车维修设备简介 … 16
一、汽车维修设备的分类 … 16
二、汽车维修设备的作用 … 16

第四节 车辆识别及配件管理 … 23
一、车辆识别代号构成及含义 … 24
二、车辆识别代号VIN举例 … 26
三、识别代号（包含VIN）的位置 … 26
四、汽车配件的管理 … 27

第五节 信息技术在汽车售后服务中的运用 … 35

第二章 客户关怀 … 37

第一节 客户关系管理 … 38

一、客户关系管理定义 ……………………………… 38
　　二、客户关系管理作用 ……………………………… 39
　　三、客户资源管理 …………………………………… 40
　　四、客户满意 ………………………………………… 41
　　五、客户满意度 ……………………………………… 42
　　六、客户满意理念的确立 …………………………… 42
　　七、提高客户满意度的途径 ………………………… 43
　第二节　客户抱怨和投诉处理 ………………………… 45
　　一、客户抱怨和投诉的状况分析 …………………… 45
　　二、客户抱怨和投诉处理 …………………………… 51

第三章　汽车维修业务接待流程　61

　第一节　客户招揽与预约 ……………………………… 62
　　一、客户招揽 ………………………………………… 62
　　二、客户预约 ………………………………………… 65
　第二节　汽车维修前台接待 …………………………… 73
　　一、店面维修接待流程与准备 ……………………… 73
　　二、职业形象设计 …………………………………… 75
　　三、服务接待礼仪 …………………………………… 88
　第三节　接车问诊与制单 ……………………………… 101
　　一、问诊 ……………………………………………… 101
　　二、制单 ……………………………………………… 110
　第四节　车辆维修与质检 ……………………………… 118
　　一、车辆维修 ………………………………………… 118
　　二、车辆质检与内部交车 …………………………… 122
　第五节　交车结算 ……………………………………… 130
　　一、交车准备与陪同客户验车 ……………………… 130
　　二、维修费用结算与客户送别 ……………………… 136
　第六节　跟踪回访 ……………………………………… 145
　　一、跟踪回访的作用 ………………………………… 146
　　二、跟踪回访的流程和内容 ………………………… 146
　　三、跟踪回访问题处理 ……………………………… 147
　　四、回访结束后续工作 ……………………………… 148

第四章　汽车维修业务接待专业能力素养　151

第一节　发动机维修业务接待　152
　　一、发动机损伤评估　152
　　二、汽车三包索赔　165
　　三、案例研讨　169

第二节　底盘维修业务接待　172
　　一、底盘损伤评估　172
　　二、制动系统损伤评估　177
　　三、转向系统损伤评估　180
　　四、行驶系统损伤评估　183

第三节　保养业务接待　188
　　一、保养维护的类型　189
　　二、首次保养　191
　　三、日常维护与一级维护　192
　　四、二级维护　193

第四节　涂装维修业务接待　196
　　一、汽车油漆基础知识　196
　　二、典型汽车油漆损伤接待　205

第五节　钣金维修业务接待　210
　　一、整体式车身及其修复原则　210
　　二、撞击效应　214
　　三、汽车钣金损伤评估与接待　220

第六节　汽车事故保险与理赔　225
　　一、汽车保险基础知识　225
　　二、汽车保险事故处理与理赔流程　228

第七节　汽车道路救援　232
　　一、道路救援的概念　232
　　二、道路救援的作用　232
　　三、道路救援的常见故障　233
　　四、道路救援的流程　233

参考文献　235

第一章

汽车售后服务概述

第一节 汽车售后服务简介
第二节 维修业务接待岗位
第三节 汽车维修设备简介
第四节 车辆识别及配件管理
第五节 信息技术在汽车售后服务中的运用

第一节 汽车售后服务简介

一、汽车售后服务概念

汽车售后服务是指将与汽车相关的要素同客户进行交互作用或由顾客对其占有活动的集合。

依据汽车在使用过程中服务的范围不同,汽车售后服务有狭义和广义之分。

狭义的汽车售后服务是指从新车进入流通领域,直至其使用后回收报废的各个环节涉及的各类服务,包括汽车销售、广告宣传、贷款与保险资讯等营销服务,以及整车出售及其后与汽车使用相关的服务,包括维修保养、车内装饰、金融服务、车辆保险、三包索赔、二手车交易、废车回收、事故救援和汽车文化等。

广义的汽车售后服务则可延伸至汽车生产领域,如原材料供应、产品开发、设计、质量控制、产品外包装设计,以及市场调研等。

汽车售后服务泛指客户接车前后,由汽车销售部门为客户所提供的所有技术性服务工作。它可能在售前进行,也可能在售时进行,但更多的是在车辆售出后,按期限所进行的质量保修、维修、技术咨询,以及配件供应等一系列服务工作。这些服务内容一概称为传统服务,而在现代理念指导下的汽车售后服务就不再局限于传统服务,其所包含的内容将更新,牵涉面将更广。

二、汽车售后服务的内涵

(1) 汽车售后服务的目标是满足客户需求,实现客户满意。实现客户满意是汽车售后服务的终极目标。汽车售后服务的本质是服务,汽车售后服务的质量是汽车售后服务企业的生命。用户的满意程度反映了对汽车售后服务的认同程度,所以汽车售后服务必须突出服务质量,以提高客户满意度为中心。

(2) 汽车售后服务的精髓在于汽车售后服务系统的整合,一体化思想是现代汽车售后服务的基本思想。汽车售后服务链是把整个汽车售后服务系统从原材料采购开始,经过生产过程和仓储、运输及配送到达用户,以及用户使用过程的整个过程看作是一条环环相扣的链,努力通过应用系统的、综合的、一体化的先进理念和先进管理技术,在错综复杂的市场关系中使汽车售后服务链不断延长,并通过市场机制使得整个社会的汽车售后服务网络实现系统总成本最小。

(3) 现代汽车售后服务的界定标志是信息技术。现代汽车售后服务与传统汽车售后服务的不同点在于，现代汽车售后服务是以信息作为技术支撑来实现其整合功能的。现代汽车售后服务对信息技术的依赖达到了空前的程度，可以说，现代信息技术是现代汽车售后服务的灵魂。现代汽车售后服务和信息技术融为一体，不可分割。

(4) 现代汽车售后服务呈现出系统化、专业化、网络化、电子化和全球化的趋势。汽车售后服务系统化是系统科学在汽车售后服务中应用的结果。人们利用系统科学的思想和方法建立汽车售后服务体系，包括宏观汽车售后服务系统和微观汽车售后服务系统。从系统科学的角度看，汽车售后服务系统也是社会大系统的一部分。现代汽车售后服务从系统的角度统筹规划和整合各种与汽车售后服务相关的活动。现代汽车售后服务系统的运行过程不是追求单个活动的最优化，而是追求系统整体活动的最优化。

(5) 可持续发展是现代汽车售后服务的重要内容。汽车行业的迅速发展，最直接的后果是汽车保有量的激增，使城市交通阻塞，噪声与尾气污染加重，对环境产生了较大的负面影响，增加了环境负担。现代汽车售后服务要从节能与环境保护的角度对汽车售后服务体系进行改进，不断提高汽车售后服务水平，以促进经济的可持续发展。

三、汽车售后服务的主要特征

(1) 系统性。系统性是汽车售后服务的主要特点。汽车本身就是一个复杂的系统。汽车售后服务所涉及的主要内容由原材料和配件供应、物流配送、售后服务、维修检测、美容装饰、智能交通和回收解体等相互关联组成一个有机的整体。它运用系统的思想和现代化的科学管理方法，以及最新手段，将分散的、各自为政的局部利益，巧妙地连接在一起，形成了一个各部分有机结合的系统服务工程。

(2) 广泛性。汽车售后服务系统涉及的因素很多，涉及的学科领域也较为广泛。例如，行为科学、工程学、数学、环境学、法律学、管理学和经济学等。从逻辑学的层面上讲，涉及了系统设计、系统综合、系统优化和最优决策等各个方面；从时间关系看，包括了规划、拟定、分析和运筹等各个阶段。

(3) 经济性。国际汽车市场上，汽车销售和售后服务的利润水平都很高。国际著名咨询公司麦肯锡的研究结果显示：从销售额看，在成熟的汽车市场中，服务占33%，配件占39%，零售占7%，而制造商仅占21%。汽车售后服务业，在美国被誉为"黄金产业"。美国汽车售后服务业从业人员达350多万人，年产值高达1400亿美元，汽车维修业的利润达到27%。通用汽车和福特汽车信贷公司的资料显示，汽车金融服务的赢利占两大集团全部利润的36%。欧洲汽车售后服务业也是汽车产业获利的主要来源。汽车售后服务业的利润来源,成为汽车产业可持续发展的重要支柱。

(4) 后进性。汽车售后服务活动作为客观存在的实体已经有很长的时间了,自汽车诞生之日起就有了汽车服务活动的发生。但汽车售后服务工程的形成却只有短短的几十年时间。汽车售后服务技术的发展落后于汽车制造技术的发展,汽车售后服务工程的产生要比汽车运用和制造的历史短暂,即后进性。

四、我国汽车售后服务现状

1. 底子薄,基础差

目前,我国的汽车售后服务业虽然得到了很大程度的发展,但仍然存在一些服务"盲点",许多汽车生产厂商建立的销售系统还不能有效地和社会服务系统进行有机整合,其他服务类别也是各自为政。

2. 多种机制并行

从目前的汽车售后服务方式分析,我国汽车售后服务主要有两大经营模式,即"四位一体"和"连锁经营"。

第一种是以"四位一体"为核心的汽车特许经营模式。汽车4S店是一种以"四位一体"为核心的汽车特许经营模式,包括整车销售(Sale)、零配件(Spare part)、售后服务(Service)和信息反馈(Survey)。

1998年广本、别克、奥迪率先在我国建立了汽车品牌专卖店,即4S店,这种形式得到了制造商的青睐。"四位一体"这一模式对于前几年我国汽车工业发展的初期阶段是比较适用的,因为当时少数几种品牌占据了绝对的控制地位。但是,在目前新车迭出的中国车市,这种方式已经渐渐显露其弊端,加上在实际实施中的许多不规范做法,"四位一体"的生存压力正在不断加大。比如,国内消费者对一些4S店反映较多的问题是"一流的装潢,三流的服务",服务水平、维修技术名不副实。曾经有专业机构对目前国内汽车售后服务市场做过一项调查。调查显示,国内近50%的汽车消费者认为目前汽车企业售后服务一般;25.8%的消费者认为维修费用高;14.43%的消费者认为服务收费不合理;14.3%的消费者认为汽车零配件价格不合理;9.77%的消费者认为排除故障不及时。

第二种是以美国为代表的连锁经营模式。这种服务模式在美国兴起的时间并不长,但是在最近20多年时间里却迅速发展起来,而且正向着走品牌化经营之路、观念从修理转向维护、高科技不断渗透等方向快速发展。

例如,美国NAPA公司,是以经营汽车配件起家的,后来在丰厚利润的吸引下投入汽修业,成为汽车连锁业的龙头老大。NAPA公司以特许加盟的方式发展汽车配件连锁店。

AUTOBACS是日本最大的汽车用品超市。在AUTOBACS的汽车超市连锁店里，从汽车的日常维护、维修、快修、美容，到各种品牌零配件的销售，甚至对车辆进行改造等服务一应俱全，能够一次性满足车主的全部要求。

其他的还有AUTOZONE以直营方式发展的汽配连锁店；YELLOWHAT、PEPBOYS都是以汽配销售与汽车维修服务为一体的连锁店；AAA以汽车救援为主的连锁店。

连锁经营的发起者不是整车厂家，而是定位于汽车售后市场的以集配件供应、汽车维修和快速养护为一体的综合性汽车售后服务商。这种模式整合了各品牌汽车零配件的资源，打破了纵向的垄断，在价格服务透明化的基础上，提供汽车保养、维修、快修、美容和零配件供应"一条龙"服务，车主可以一站式解决问题。

目前，各种快修连锁店也正在不断快速地成长。应该大力发展"连锁经营"，将之作为目前4S方式必不可少的有益补充并加以推广，然后向着数量多、分布广、维修质量好、效率高、形式多样、可选择性强的方向发展，全面提高汽车售后服务水平。

3. 品牌优势不突出

国内汽车售后服务市场最显著的特点是企业规模较小、持续经营能力差、品牌优势不突出。与国外连锁化汽车售后服务巨头相比，我国的汽车售后服务提供商普遍缺乏较成熟的服务品牌，对企业通过差异化服务实现可持续发展产生了较大影响。

4. 专业人才不足

由于汽车业发展相对较快，但相关培训又较少，导致从业人员不能及时进行自我知识更新，造成目前汽车售后服务与贸易专业人才相对短缺。企业缺乏提高服务标准的推动力，从而不能满足消费者日益提升的汽车售后服务需求。人员知识结构的不合理，制约了汽车售后服务贸易的快速发展。

5. 服务理念落后

国外售后服务的立足点是提高保质期限，而我国售后服务的立足点是"坏了保障修理"。国外是保养"一条龙"，而我国则是维修服务较单一。服务的意识虽有所提高，但是仍然相对落后。

五、汽车售后服务业的发展对策

1. 建立"服务于人，信誉于己"的售后服务理念

把售后服务放在重要战略位置，把售后服务作为维护品牌、提高企业形象、参与国际竞争和全球经济一体化、全面进军国际市场的有力保障。包头北方奔驰汽车销售公司就是把售后服务管理作为其汽车产品质量的延伸，奉行"用户第

一,质量第一"的经营宗旨,在激烈的市场竞争中获得了良好的市场信誉。

2. 打造一个有竞争力的维修网络,作为售后服务的强大载体

强大载体为售后服务的高效、快速开展提供了可靠保障。世界著名品牌汽车企业奔驰公司就建立了世界上最庞大的维修服务系统,在德国有 3000 家奔驰汽车维修站,在国外 17 个国家还设有 4000 家服务站。如果顾客在途中发生故障,打个电话维修部门就能派人驾车前来修理,尽量当天完成。因此奔驰汽车在德国及世界各地广受用户欢迎。

3. 建立一支过硬的业务骨干和技术骨干队伍

汽车售后服务虽然是一项商业性的工作,但它也是一项技术性很强的工作。因此,要有一支强大的售后服务技术骨干队伍,定期开展业务技术培训,有条件的企业可委托大专院校代培,不断充实他们的专业技术知识,才能使他们适应不断变化的市场形势,更好地开展售后服务工作。

4. 建立完善的信息反馈系统

谁都希望自己的企业在竞争中独占鳌头,希望顾客长期光顾公司。要创造持久服务的优势,需要获得各方面的新而准确的信息,为此,企业必须通过对新车准备、质量担保、专题跟踪、网点巡视、用户投诉、生产质量、新产品、网点的经营管理情况等信息的收集整理,建立完善的用户信息管理系统、内部故障信息反馈和改进渠道、重大和批量用户故障反应机制系统、网点考核管理系统和产品信息系统等。针对网点反馈信息和相关部门发现的重要疑难故障,由售后服务部门成立专门小组,依照专门的工作流程,对网点进行援助和指导,以便于企业的竞争。

5. 提高管理层的人员素质

管理层的人员素质是关系企业兴衰、影响企业效益的关键因素。在我国汽车售后服务业要与国际接轨之际,我们迫切需要既精通外语,又具有一定管理能力,同时还要熟悉国际法通则的高素质经营管理人员,为及时了解世界最新信息,争取市场主动权提供保障。

六、创新汽车售后服务模式

(一)汽车售后服务品牌化

针对汽车用户的需要,在某一思想指导下,给特定的服务赋予特定的内容、程序和标准,并加以命名,使之形成一个性化、符号化的服务项目。借用品牌管理思想,通过定位、包装、宣传和实施,在用户中形成预期的知名度、美誉度和认可度,最终达到促进汽车产品销售、提高市场占有率的目的。汽车产品服务品牌角色应该定位为一个企业的连带品牌。所谓连带品牌,即自身品牌附加于汽车产品主品牌之上,在品牌表现时,应将这一附加品牌与主品牌一同列出。汽车

售后服务品牌化关键在于准确定位和实现方式的选择。

1. 品牌命名

汽车整体产品可以分为实体产品与附加服务。在品牌定位的过程中，实体产品的品牌就是我们平时所说的主品牌，而服务与产品是截然不同的，所以服务应该有自己的品牌。从服务本身内容发展变化上看，服务内容是不断变化的，这些服务内容的推广，依靠主品牌是不合适的，只能通过一个企业的服务连带品牌，建立品牌效应，使消费者认识并接受这种服务，从功用和情感方面获得利益。在进行汽车产品服务品牌命名时还必须考虑到产品服务品牌的核心价值。通过汽车产品服务品牌，能够让用户明确地识别并记住此连带品牌的利益与个性，促使用户认同、喜欢乃至偏爱一个品牌。例如，"别克关怀"，它既体现了其主品牌"别克"，也体现出其核心价值是关爱每一部别克车，关怀每一个别克用户，从设计到推广，无不是围绕核心价值展开的。

2. 品牌化策略

成功的汽车售后服务品牌的实现，要根据企业产品自身的特色、客户的需求，以及企业自身的能力来设计，而不是过度地追求服务的响应时间、完成速度及服务时间的长度。东风商用车"关爱每部车"在内容设计时，就考虑到了用户及自身的特色，将服务内容确定为延长保修期服务、附加升级服务、超值维护服务和超前保养服务。这些服务项目还组成不同的服务包，以不同的特色迎合不同用户的需求。汽车售后品牌应根据产品和用户的差异而选择不同的内容和不同的推广方式。

（二）汽车售后服务 CI 模式的实现

汽车售后服务的企业形象（Corporate Identity, CI）规范体系化关键在两个方面，即先进的服务理念规划和可操作的标准的制定。

1. 先进的服务理念规划

紧跟先进销售理念的变化。汽车产品概念正在被需求取代，价格概念正在被成本取代，渠道概念正在被方便取代，促销概念正在被沟通取代。所有特约服务站应当是"四位一体"与形象统一的。

2. 制定可操作的标准

将服务理念、客户精神由标准核心流程渗透到每一项服务之中。统一的维修设备配置和集中采购，统一的维修配件标准，统一的维修技术标准，统一的维修索赔标准从整体上体现了管理的先进性。例如，上海通用汽车的配件政策曾经是很多顾客所不能理解的。政策规定，只有在特约维修站修车时才可以买到上海通用汽车的维修配件。通过这种单向销售与采购的渠道，成功地控制了配件流向，保证了配件的纯正，防止了假冒伪劣的汽车产品，用户逐渐感受到这个政策给他们带来的质量保证。又如一汽大众的售后服务 CI 化模式既体现了服务的体贴入微与主动,又显示出了对服务过程的严格控制,同时又通过保持一致性保证了服务的质量,为汽车售后服务提供了有益的借鉴。

3. 汽车俱乐部制创新模式

汽车俱乐部制是指汽车售后服务采用俱乐部形式进行。汽车俱乐部是为了满足消费者需求而建立的一个与汽车用户共同追求生活品质、分享新资源、新科技的亲情化组织。在汽车俱乐部里,会员在享受汽车高品质生活的同时,会体会到一种前所未有的乐趣,即享受特有的尊贵权益和贴切的亲情服务,获得直达个人需求的个性化服务,享受再购买汽车产品的会员优惠,还会被邀请到汽车俱乐部结识天南地北的会员朋友,参加汽车知识的培训,另外还可以推行"会员卡"给用户带来衣食住行各方面的增值权益。这种有形的顾客组织使企业更好地为用户服务,实现与用户的零距离,并与用户保持长久的联系。

无论对商家还是对客户而言,方兴未艾的汽车俱乐部都是一种极大的诱惑。汽车售后服务的内涵也越来越丰富,毫无疑问,只有更加专业规范的服务才有更大的生存发展空间。

第二节 维修业务接待岗位

汽车维修企业的服务对象群体与以前相比发生了质的变化。这些拥有汽车的车主,主要以家庭用车为主,他们不仅要求维修质量优良而且还需要热情接待等服务。

汽车所有者身份的变化,带来了客户需求的多样性。汽车维修企业为满足客户需求,树立企业形象,提高企业的竞争力,纷纷在企业内开展宾馆式服务,设置汽车维修业务接待这一岗位。经过几年的发展,业务接待已逐渐成为汽车维修企业经营管理中的一个重要岗位。维修业务接待的好坏已作为衡量汽车维修企业好坏的直接标准。

一、维修业务接待岗位定位

汽车维修企业是为汽车使用者提供服务和保障的行业,现在很多汽车维修企业十分重视规范化服务,汽车维修业务接待作为汽车维修企业的窗口,代表着企业的形象,这一职位越来越显示出其存在的必要性和重要性,越来越受到汽车维修行业管理部门与维修企业的重视。汽车维修业务接待是现代汽车维修企业服务的重要组成部分。其另一名称是"汽车维修服务顾问"。经过几年的发展,"汽车维修服务顾问"已逐步成为汽车维修企业经营管理中的一个重要岗位,它服务质量的好坏已作为衡量汽车维修企业好坏的直接标准。

从众多企业的成功经验来看,只有在汽车维修业务接待这个"第一窗口"

图 1-1　汽车维修服务顾问岗位定位

彻底改善服务,才能降低客户不满意的发生。可见,汽车维修服务顾问与汽车维修企业的发展有着至关重要的作用,如图 1-1 所示。

二、汽车维修服务顾问的作用

1. 代表企业的形象

汽车维修服务顾问的特征主要由企业精神、企业效率、企业信誉及经营环境等组成。良好的企业形象会在公众中产生深刻的认同感和信任感,进而转化为巨大的经济效益。维修服务顾问在客户中的形象就是企业特征的直接反映,是企业的"窗口"代表,其言谈举止、待人接物、服务水平等直接关系到企业形象的好坏。

2. 影响企业的收益

维修服务顾问要对承修车辆在维修前进行估价,在维修过程中所发生的费用进行统计核实,并向客户解释相关费用的收取标准,听取客户的意见并向上级部门反映,在双方完全认同的条件下收取相关费用。其维修估价的合理性,收费结算过程的流畅性,发生费用结算纠纷处理的灵活性,都直接影响着企业的信誉、企业的收入和企业的效益。

3. 反映企业技术管理的整体素质

维修服务顾问在接车、估价等过程中所表现出的解决问题和处理问题的能力,直接体现了企业技术水平的高低。其从接车到交车的全过程中有关工作的条理性、周密性和灵活性直接体现了企业服务和管理水平的高低。

4. 沟通维修企业与车主之间的桥梁

维修服务顾问有许多不同的名称,如接待专员、维修业务接待、诊断顾问等,这个角色之所以重要在于他是顾客进厂碰到的第一人,如果服务好、顾客信赖度高,也可能是顾客在服务厂唯一接触的人。因为顾客的时间有限、专业不足,所以很容易将爱车交给业务接待后就放心等待结果。因此,从理论上讲,来厂维修的客户是由维修服务顾问从头到尾完成接待工作的。

如果维修服务顾问接待服务好,则顾客对企业信赖度就高。另外,在顾客的信任下,随着业务接待专业能力的不断加强,其所扮演的角色就是如何建议顾客做最好的维修项目,以保障车辆的长期使用。因此,业务接待的专业性为顾客所依赖，同时只要说服力强，就可以对顾客做最合适的建议，这既是维修企业重要的业绩来源，同时又有助于业绩的稳定提升。

维修服务顾问需掌握汽车维修企业的工作流程及工作进度，其目的是为确认顾客的车辆维修进度，了解能否在顾客认知的时间内顺利完成，或者是提早告知顾客车辆的状况，使车主能有心理准备。

最后，维修服务顾问还必须站在顾客的立场，为顾客检查爱车，使顾客从进厂到交车能接受完整的服务，以达到顾客满意，从而提高顾客满意度。最终提高顾客对汽车品牌的忠诚度和对汽车维修企业的忠诚度。

三、汽车维修服务顾问岗位的工作内容

汽车维修服务顾问岗位具体的工作包括以下方面。

1. 工作环境

业务区要整齐、清洁，各种标示明确，灯箱清洁完好，用户休息区清洁，电视、茶几、报架等设施整齐。停车场有醒目标志，且畅通无阻。

2. 工作准备

业务工作台面清洁、不摆放与工作无关的物品；提前启动计算机，确保系统运行；按当日修理量，备好脚垫、驾驶座套、转向盘套、毛巾棉纱。

3. 仪容仪表

统一着装，衣着整齐干净；左胸前佩戴统一醒目的工作胸卡；在工作岗位上应面带微笑、精神饱满。

4. 接待用户

应主动迎接客户、主动使用规定的文明用语、礼貌待客、主动规范；对第一次来访客户应主动自我介绍，态度热情友好；真诚待客，不得以任何理由推诿、搪塞客户；确认客户姓名，所修车种，车型或拜访目的；对客户的要求作出答复。

5. 约定时间

应掌握维修时间与工作动态；应掌握配件库动态情况；向客户提出合理的约定时间，若客户对约定时间有异议，应根据客户要求另定时间；应开展电话预约登记服务。

6. 诊断故障

接修前应与客户一起对车辆外观、附件、车内物品进行检查，将检查结果记录在《进厂检验单》上，并请客户配合，对车内的贵重物品应提醒客户带走或妥善保管，手续清楚；修理前必须正确描述故障现象，不允许漏项；修理工可协助判断故障，但无权决定项目。修理过程中发现潜在的故障，应主动告知客户，按客户要求维修。

7. 达成协议

仔细记录客户姓名、地址、电话及客户车辆使用情况、维修历史,确保记录正确;确定完工时间和旧料处理方法,并让客户知晓;确定结算付款方式。将客户的具体修理要求仔细记录在《任务委托书》上,并让客户审阅,签字认可。

8. 费用结算

仔细核算结算清单,保证所有清单附在委托书上;使用法定的修理工时定额,并明码核价,向客户提供组成工时的详细清单。

9. 交付车辆

交车之前把车辆清洗干净;由原接车顾问交付车辆,不耽误客户取车时间;修理中换下的零件应让客户过目;应详细向客户解释发票所列项目,如实介绍修理过程,使客户放心。

10. 跟踪服务

应及时建立客户档案;掌握跟踪服务的进展情况,及时进行信息反馈;有效解决跟踪服务中出现的问题,如客户申诉超出维修服务顾问权限,及时向上汇报,避免事态扩大。

四、汽车维修业务接待流程

汽车维修企业维修服务工作的实施水平直接体现了企业的经营管理水平,汽车维修服务流程实际上就是汽车维修企业的维修业务接待流程。汽车维修业务接待工作的标准流程基本可以归纳为服务预约、接待、诊断、制单、维修、检验、交车、服务回访,如图1-2所示。

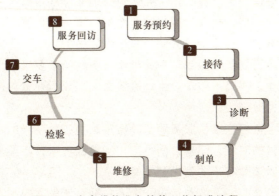

图 1-2 汽车维修业务接待工作标准流程

五、汽车维修服务顾问岗位职责

《汽车整车维修企业开业条件》国家标准及省地方标准中,把汽车维修服务

顾问作为一个必须具备的岗位提出,以提高汽车维修行业的整体服务水平。维修服务顾问的主要职责有以下几个方面:

(1) 保持接待区整齐、清洁。

(2) 热情地接待客户,了解客户的需求及期望。

(3) 接收车辆、初步诊断车辆的问题,评估维修内容,提供给车主汽车的专业知识及更换意见,与车主意见达成一致。

(4) 估计维修费用或征求有关人员意见,并耐心向客户说明收费项目及其依据,得到客户认同后开出维修单。

(5) 掌握维修进度,增加维修项目或延迟交车时,及时联络客户,取得客户的同意和理解。

(6) 确认车辆的问题是否完成。

(7) 妥善保管客户车辆资料。

(8) 建立客户档案。

(9) 协助车主完成结账程序并目送车主离开。

(10) 宣传本企业,推销新技术、新产品,解答客户提出的有关问题。

六、汽车维修业务接待的素质要求

1. 品格素质要求

(1) 忍耐与宽容是优秀接待人员的一种美德。也是面对无理客户的法宝。面对客户要包容和理解。良好的服务就是让客户满意。真正的客户服务是根据客户的喜好提供满意的服务,不同客户的性格、人生观、价值观不同,要根据不同顾客的需求和喜好提供服务。在工作中要像对待朋友那样对待客户,要有很强的包容心,包容客户的一切,树立"客户就是上帝"这一现代服务理念。

(2) 不轻易承诺,说了就要做到。对于维修服务顾问,通常很多企业都有要求:不轻易承诺,说到就要做到。因此维修服务顾问不要轻易地承诺,随便答应客户,这样极易使工作陷于被动。维修服务顾问必须要注重自己的诺言,一旦答应客户,就应竭力做到。

(3) 勇于承担责任。维修服务顾问需经常承担各种各样的责任和失误。工作中出现问题和失误的时候,同事之间不应相互推卸责任,而要勇于承担责任,积极主动解决问题以消除客户的不满和抱怨。

(4) 拥有博爱之心,真诚对待每一个人。拥有博爱之心,真诚地对待每一个人,这个博爱之心是指"人人为我,我为人人"的那种思想境界,热爱客户就像热爱自己一样。

(5) 谦虚是做好客户服务工作的要素之一。拥有一颗谦虚之心是人类的美德。对业务接待员而言谦虚这一点很重要。一个维修服务顾问拥有较强的专业知识,靠专业知识和技能提供服务,面对相对外行的客户极易产生自满,这是客户服务的大忌。在客户面前炫耀自己的专业知识揭客户的短处,这是不礼貌的行为,更无法提供让客户满意的服务。维修服务顾问拥有了较高的服务技巧和专业知识后,更应谦虚。

(6) 强烈的集体荣誉感。客户服务强调的是一个团队精神,企业的业务接待,需要互相帮助,必须要有团队精神。什么是一支足球队的团队凝聚力?人们常说这个球队特别有团结精神,特别有凝聚力,是指什么?是指每一个球员在赛场上不是为自己踢球,所做的一切都是为了全队获胜。而维修服务顾问也是一样,所做的一切,不是为表现自己,而是为了能把整个企业客户服务工作做好。这里谈到的就是团队集体荣誉感,强烈的集体荣誉感也是对维修服务顾问品格方面的要求。

2. 技能素质要求

(1) 良好的语言表达能力。良好的语言表达能力是实现与客户沟通的必要技能和技巧。

(2) 丰富的行业知识及经验。丰富的行业知识及经验是解决客户问题的必备武器,不管做哪个行业都需要具备专业知识和经验。不仅能跟客户沟通、赔礼道歉,而且要成为产品的专家,能够解释客户提出的问题。如果维修服务顾问不能成为业内人士,不是专业人才,有些问题可能就解决不了,就没有办法帮助客户解决实际问题。因此,维修服务顾问要有很丰富的行业知识和经验。

(3) 熟练的专业技能。熟练的专业技能是客户服务人员的必修课。每个维修服务顾问都需要学习多方面的专业技能。

(4) 优雅的形体语言表达技巧。掌握优雅的形体语言表达技巧,能体现出业务接待的专业素质。优雅的形体语言的表达技巧指的是气质,内在的气质会通过外在形象表露出来。举手投足、说话方式、笑容,都能说明业务接待是否足够专业。

(5) 思维敏捷,具备对客户心理活动的洞察力。思维敏捷,具备对客户心理活动的洞察力是做好客户服务工作的关键所在。所以,维修服务顾问需要具备这方面的技巧。思维要敏捷,洞察顾客的心理活动,这也是对维修服务顾问技能素质的起码要求。

(6) 具备良好的人际关系沟通能力。维修服务顾问具备良好的人际关系沟通能力,跟客户之间的交往会变得更顺畅。

(7) 具备专业的客户服务电话接听技巧。专业的客户服务电话接听技巧是维修服务顾问的另一项重要技能,维修服务顾问必须掌握怎么接客户服务电话,怎么提问的技巧。

(8) 良好的倾听能力。良好的倾听能力是实现客户沟通的必要保障。与客户交谈时应"听七分,说三分",学会倾听,善于倾听,应借助目光、体态与客户产生互动。只有互动式的倾听才能真正实现与客户的有效沟通。

3. 综合素质要求

(1) "客户至上"的服务观念。"客户至上"的服务观念要始终贯穿于客户服务工作中,因此,需要具备一种"客户至上"的、整体的服务观念。

(2) 工作的独立处理能力。优秀的维修服务顾问必须能独当一面,具备工作的独立处理能力。一般来说,企业都要求业务接待能够独当一面,也就是说,能自己妥善处理客户服务中的棘手问题。

(3) 各种问题的分析解决能力。优秀的维修服务顾问不但需要能做好客户服务工作,还要善于思考,提出工作的合理化建议,有分析解决问题的能力,能够帮助客户去分析解决一些实际问题。

(4) 人际关系的协调能力。优秀的维修服务顾问不但要能做好客户服务工作,还要善于协调同事之间的关系,以达到提高工作效率的目的。人际关系的协调能力是指在客户服务部门中,协调好与员工、同事间的关系,若同事之间关系紧张,会直接影响到客户服务的工作效果。

七、4S店售后服务部组织机构与岗位设置

不同品牌4S店售后服务部门的组织机构大同小异,岗位设置名称略有区别。

以下介绍4S店售后服务部门常见的组织机构与岗位设置。

1. 组织机构

以某品牌4S店售后服务部门组织机构为例,如图1-3所示。

图1-3 某品牌4S店售后服务部门组织机构

2. 岗位设置

售后服务部门各主要岗位工作职责如下。

(1) 服务店长（或服务总监）：负责汽车厂家对特约售后服务中心要求的全面管理工作。

(2) 服务经理：负责制定、安排和协调服务工作具体开展，协调服务顾问、索赔员、收银员、维修车间、配件部门之间的关系；负责解决服务过程中与客户发生的纠纷，主持重大质量事故和客户投诉的处理。

(3) 技术经理：负责技术管理、维修质量、培训、工具/资料等技术管理制度的制定；解决技术难题等。

(4) 配件经理：负责保证维修所需的充足的配件供应，对配件的质量负责。

(5) 服务顾问：负责按服务流程完成车辆维修的工作；负责一般客户投诉的解决；负责建立完善客户档案。

(6) 索赔员：负责索赔相关工作。

(7) 内部培训员：负责接受汽车厂家机电技术培训；负责实施经销商内部技术培训工作，组织协调其他内部培训项目。

(8) 质量检验员：负责维修质量的检验及反馈，保证维修质量等相关工作。

(9) 机电技工：负责车辆的机电维修工作；负责本工位设备及工具的维护与保养；负责工序质量的自检；负责工位环境的清洁与保持。

(10) 钣金技工：负责车辆的钣金维修工作；负责本工位设备及工具的维护与保养；负责工序质量的自检；负责工位环境的清洁与保持。

(11) 油漆技工：负责车辆的调漆、喷漆工作；负责本工位设备及工具的维护与保养；负责工序质量的自检；负责工位环境的清洁与保持。

(12) 工具/资料管理员：负责建立维修工具、设备及售后服务资料目录；负责工具、设备、资料库房的日常管理。

(13) 配件订货计划员：负责与配件订购计划相关的工作。

(14) 配件仓库管理员：负责与配件库存管理及发放等相关的工作。

(15) 计算机系统管理员：负责售后服务中心计算机系统的正常运作及维护；做好售后服务中心网络操作人员的工作指导；负责IT信息的维护、接收与反馈。

3. 汽车维修业务接待与其他岗位协作

服务顾问的工作包含着两个层面，既是直接面对顾客的前方服务工作，也是支援前方工作的后方服务工作。服务顾问的工作具有两面性，缺一不可，相得益彰，单方面即便是很出色也不能达到整体的效果。

汽车售后服务企业需要服务顾问能针对客户的要求，快速而准确地提供超过其预想值的优质服务。将上述两种工作进行周密、有效的统一管理，关系到能否实现优质服务，最大限度地提高顾客满意度并使之提升为顾客感动。宝马、丰田汽车公司将汽车维修业务接待岗位在汽车售后服务中的位置定位在直接面对客户的前方服务工作，起到承接客户和后方维修服务的纽带作用。

第三节
汽车维修设备简介

汽车故障诊断设备扩大了汽车维修人员的感知能力。有的设备附有常见车型的技术数据，有利于提高维修人员对技术状况判断的准确性；有的设备具有一定的分析判断能力，为实现汽车故障的快速、准确、有效诊断提供了技术支撑。汽车维修设备能有效地提高汽车维修的生产率和维修质量。作为汽车维修业务接待人员必须对常见汽车维修设备有所了解和掌握。

一、汽车维修设备的分类

（1）通用设备：冷加工（车、铣、刨、磨）和热加工（锻压、焊、铸）。

（2）专用设备：检测诊断设备（又分发动机、底盘、电气整形、辅助设备和维修工具等）。

二、汽车维修设备的作用

（一）发动机故障诊断设备

1. 汽缸压力表

汽缸压力表如图1-4所示。汽缸压力表用于检测汽缸压缩压力，根据测试结果可以判断汽缸衬垫、汽缸体与缸盖之间的密封状况、活塞环与缸壁配合状况，以及燃烧室内积炭是否过多等与汽缸有关的技术状况。

2. 汽缸漏气量检测仪

汽缸漏气量检测仪如图1-5所示。汽缸漏气量检测仪用于测量活塞处于压缩行程上止点位置时，汽缸内外传输压缩空气的压力变化值，从而判断汽车发动机的汽缸和进、排气门的密封状况。在测量汽缸漏气量的同时，进行人工察听辅助诊断，可对汽缸、汽缸垫和进、排气门的密封状况进行深入准确的诊断。

3. 曲轴箱窜气量检测仪

曲轴箱窜气量检测仪如图1-6所示。曲轴箱窜气量检测仪用于测量发动机曲轴箱窜气量，从而检验发动机的动态密封性，判断发动机汽缸、活塞和活塞环的技术状况，监测发动机磨合质量。

图 1-4 汽缸压力表

图 1-5 汽缸漏气量检测仪

4. 真空表

真空表如图 1-7 所示。用于检测汽油发动机进气歧管的真空度，通过测量进气歧管真空度可以判断发动机密封性能的好坏、空燃比的好坏和点火性能的好坏，可以诊断进气管或化油器衬垫的泄漏、配气机构密封性、排气消声器阻塞、点火时间和点火性能等诸多方面的故障。

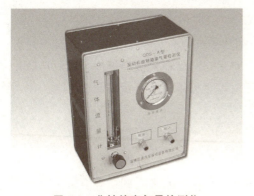

图 1-6 曲轴箱窜气量检测仪

图 1-7 真空表

5. 点火正时灯（枪）

点火正时一般用点火提前角（曲轴转角或凸轮轴转角）表示。点火正时灯（枪）如图 1-8 所示。可检测汽油机点火提前角，有的还能测试转速、点火导通（闭合）角和电压参量。

6. 发动机废气分析仪

发动机废气分析仪如图 1-9 所示。主要用于测量汽车发动机排气中的多种气体含量。这类仪器还可用于检查空燃比，检测催化转化器性能，检查燃油反馈系统、化油器及进、排气管泄漏等故障，帮助分析并排除发动机控制系统的故障，以及确保车辆污染排放指标的正常。根据检测气体种类的不同，发动机废气分析仪分为二气体、四气体和五气体分析仪。

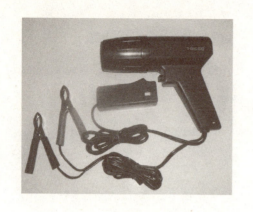　　　　　　　　　　

图 1-8　点火正时灯（枪）　　　　　图 1-9　发动机废气分析仪

7. 柴油机烟度计

柴油机烟度计用于检测柴油车的排气烟度，以便研究和分析柴油机的工作状况。烟度计可分为滤纸式烟度计、透光式烟度计和重量式烟度计等多种。我国使用滤纸式烟度计和透光式烟度计。

8. 发动机综合分析仪

发动机综合分析仪如图 1-10 所示。有汽油机综合分析仪、柴油机综合分析仪和汽、柴油两用发动机分析仪等形式，可适用的发动机类型很广，可对启动和充电系统、点火系统、燃油系统和点火正时等多种项目进行精确测试。

（二）底盘故障诊断设备

1. 底盘测功机

底盘测功机如图 1-11 所示。一般用于检测各类汽车的底盘输出功率、驱动力、车速、加速性能、滑行性能，以及车速表和里程表的准确性。若配以燃油流量计可检测油耗，配以排放分析仪可检测排放污染物成分含量，可综合评定汽车的动力性能、经济性，以及环保指标；配以曲轴箱窜气量检测仪和离合器频闪仪可进行发动机磨损检测和离合器打滑检测。现在的底盘测功机多采用电涡流测功器作为功率吸收装置，并用微机作为控制中心。

2. 四轮定位仪

四轮定位仪用于测量车轮的各项定位参数，判断车轮走位的准确性，同时还可检验出车轮定位部件的故障。现用四轮定位仪一般存储大量流行车型的车轮定位参数的标准值和车轮定位调整方法指导，车轮定位技术状态判断方便，调整操作容易。为便于检测和调整，被检汽车需放在地沟或举升平台上，地沟或举升平台应处于水平状态，四轮定位仪则安装在地沟两旁或举升平台上。如图 1-12 所示。

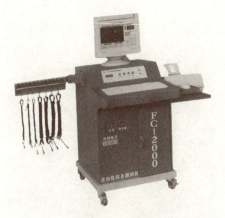

图 1-10　发动机综合分析仪

图 1-11　底盘测功机

图 1-12　四轮定位仪

3. 底盘间隙检测仪

底盘间隙检测仪用于检测转向系统各销轴、悬架系统及底盘其他部件因磨损产生的间隙，从而消除隐患，确保安全。

4. 制动试验台

制动试验台一般用于各种类型车辆的制动性能检测。测量参数包括所有车轮的制动力、制动力差、制动协调时间等。制动试验台有滚筒式和平板式两种。

5. 侧滑试验台

侧滑试验台用于检测汽车前轮的侧滑量，以判断车轮定位中车轮前束和车轮外倾的配合是否恰当。侧滑试验台有单板式和双板式两种，其中双板式应用普遍。

(三) 汽车电控系统诊断设备

1. 汽车专用万用表

汽车专用万用表如图 1-13 所示。可检测充电、启动、燃油及空气、点火、电气、发动机管理、冷却等系统和各种传感器，检测参量包括电压、电流、电阻、电容、频率、脉宽、占空比、转速、温度和压力等，并可检测线路通断。

图 1-13　汽车专用万用表

图 1-14　示波器

2. 示波器

示波器如图 1-14 所示。可用于测试电池、传感器、ECU 信号的电压，测试火花塞线、传感器、继电器的电阻，测试熔丝、灯、导线、开关的线路通断。使用相应探头可测试温度和电流。

3. 通用故障检测仪

通用故障检测仪备有常见车系的软件，并配有各种专用检测接口电缆。使用时，只需将被测汽车的牌号和车辆识别码输入故障检测仪，就能从软件中调出相应的检测程序。按照故障检测仪屏幕上的提示，将相应的故障检测接口电缆一端的插头和汽车上的检测插座连接，就可以根据汽车微机自诊断电路的功能范围和检修要求，选择电喷发动机、电控自动变速器、制动防抱死装置等各控制系统，进行读取故障代码，查阅故障码内容，测试执行器工作情况，清除微机内存储故障代码等检测工作。

4. 专用故障诊断仪

专用故障诊断仪是为各汽车厂家生产的专用测试设备。它除了具备读码、解码、数据扫描等功能外，还具有传感器输入信号和执行器输出信号的参数修正、计算机控制系统参数调整，以及系统匹配和标定、防盗密码设定等专业功能。

（四）汽车维护设备

1. 发动机燃油系统免拆清洗机

发动机燃油系统免拆清洗机如图 1-15 所示。配合汽车的定期维护和特别除炭维修，不需拆卸发动机，只需将接头与发动机供油、回油管连接。机器内的专用清洗剂可溶解喷油器针阀和燃烧室各组件的积炭、油泥、胶质等污染物，经由汽车的排放系统排出，使汽车燃油供给系统得到彻底清洗。这类仪器一般可以清洗多种汽油机及柴油机的燃油系统，有的还可以检查燃油压力，确定系统是否堵塞。

2. 发动机润滑系统免拆清洗机

在汽车的定期维护中，不需拆卸发动机，只需用接头与发动机机油过滤器和油底壳螺孔相连，利用空气动力和专用清洗剂，在发动机静态时进行清洗。只要12min就可将发动机润滑系统油泥、积炭和杂质一并清除，恢复发动机效率，减少磨损和有害废气的排放。

3. 发动机冷却系统清洗机

发动机冷却系统清洗机利用轻微液压冲击原理，对发动机冷却系统进行冲击清洗、循环清洗、再循环清洗和更换冷却液。可清除发动机冷却系统的污垢，恢复发动机冷却系统的性能。

图 1-15　发动机燃油系统免拆清洗机

4. 自动变速器油更换机

目前最新的自动变速器油更换机为气动、可调压、可调流量机型。全新的自动变速器油更换机可以调节空气压力和进出油量、油压，能控制变速器内的需求油量，完全解决了手工更换变速器油不彻底（多数变速器内的油液不能手工更换）和油量不准确的问题。

5. 汽油机喷油器清洗机

汽油机喷油器清洗机适用于汽油发动机电子喷射喷油器的清洗，清除喷油嘴的积污，从而解决喷油器或喷油嘴堵塞问题。这种设备一般都是利用超声波的作用来清洗喷油器，利用超声波的冲击和振荡来溶解和排除喷油器内的胶质物，并能清理喷油嘴的积污，而且能够反复清洗，使清洗更彻底，且操作方便，有的清洗机还具有喷油器测试功能，能模拟发动机运转过程，测试发动机转速、喷油器开启时间、脉冲数供给、喷油器电阻或喷油模式、喷油器电压和供油压力等。

6. 柴油机喷油泵试验台

柴油机喷油泵试验台如图 1-16 所示。用于检测调试各种类型的喷油泵。这种设备一般可检测各缸供油盘供油不均匀度、出油阀的开启压力和喷油泵体的密封性及调速器的性能，并能检测喷油泵供油开始点及供油间隔角。

7. 轮胎平衡机

轮胎平衡机如图 1-17 所示。可用于汽车各类型车轮的平衡调试，可以获得动、静态下的精密测试和准确的平衡。此类设备一般都采用微机控制，具有较高的精确度，能自动测定出轮胎两个校正平面上的动平衡度。

8. 汽车清洗及打蜡机

图 1-16 柴油机喷油泵试验台

图 1-17 轮胎平衡机

图 1-18 汽车清洗及打蜡机

汽车清洗及打蜡机如图 1-18 所示。主要用于中小型车辆的刷洗、打蜡和吹干等。这类设备能自动识别车尾，能进行正、反转的反复刷洗，且都是微机全自动程序控制，操作方便。

(五) 汽车修理设备

1. 气门修磨机

气门修磨机用于汽车发动机气门锥面的磨削加工。操作简便，能保证气门研磨和支承点的准确性。

2. 镗缸机

汽缸镗削的目的是恢复汽缸原有的正确圆度、圆柱度和表面粗糙度，保证各缸中心线与主轴承孔中心线在一个平面内，并互相垂直。目前常用的镗缸设备有固定式镗缸机和移动式镗缸机两种。

3. 磨缸机

磨缸机用于镗缸后缸壁表面的最后一次磨削精加工，以消除汽缸镗削加工时留下的刀痕，减小汽缸壁的表面粗糙度值，达到汽缸加工的最终要求，延长汽缸和活塞的使用寿命。目前一些企业开始使用激光加工设备对汽缸孔进行激光加工处理，激光加工处理前后都要进行磨削加工。

4. 曲轴磨床

曲轴磨床用于汽车发动机曲轴的主轴颈和连杆轴颈的磨削加工，也可用于一般外圆磨削。

5. 激光加工系统

激光加工系统用于汽车发动机汽缸孔、缸套内表面、曲轴、凸轮轴轴颈和凸轮工作面等零部件表面的激光加工处理。处理后的零件表面提高了硬度和耐磨性，同时也能更好地存油润滑，使用寿命大幅度延长。

6. 制动鼓镗床

制动鼓镗床是用于镗削汽车制动鼓和制动蹄片的设备。这类设备具有加工范围广、刚度高、加工精度高、操作简便的特点。

7. 车身及底盘矫修仪

车身及底盘矫修仪如图 1-19 所示。除可实现整形汽车快速多点定位固定、全方位牵引校正外，还配有测量基准定位系统、专用量具和专用测量触头，可实现车身上各测量点的三维坐标精确测量，并备有常见车型测量基点分布图及车身、底盘数据，为提高车身整形速度和质量提供了保证。

图 1-19　车身及底盘矫修仪

第四节　车辆识别及配件管理

车辆识别代号就像人们的身份证号码一样，是某一车辆的身份识别标志。在汽车上使用车辆识别代号，是各国政府为管理机动车辆实施的一项强制性规定。

各国政府都制定了这方面的专门技术法规,强制要求汽车生产厂商在汽车上使用车辆识别代号。

一、车辆识别代号构成及含义

VIN 是英文(Vehicle Identification Number)的缩写,译为车辆识别代号。VIN 是表明车辆身份的代号,是制造厂为了识别而给一辆车指定的一组字码,具有在世界范围内对一辆车的唯一识别性,并保证三十年内不重复出现。因此又有人将其称为"汽车身份证"。车辆识别代号中含有车辆的制造厂家、生产年代、车型、车身形式、发动机以及其他装备的信息。

车辆识别代号 VIN 由三部分组成,其结构如图 1-20 所示。

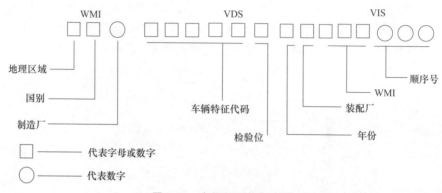

图 1-20 车辆识别代号组成

(1)□□〇为第一部分 WMI(世界制造厂识别代号)。WMI 有三位字码,是由制造厂以外的组织,即国际标准化组织(ISO)的国际代理机构预先指定的,用来代表生产国、厂家、车辆类型。

第 1 位:表示地理区域,如非洲、亚洲、欧洲、大洋洲、北美洲和南美洲。

第 2 位:表示一个特定地区内的一个国家。美国汽车工程学会(SAE)负责分配国家代码。如日本为 JAJZ 及 J0J9;美国为 IA1Z 及 1019,4A42 及 40～49,SA52 及 50～59;中国为 I.ALZ 及 LOL9。

第 3 位:表示某个特定的制造厂,由各国的授权机构负责分配。如果某制造厂的年产量少于 500 辆,其识别代码的第三个字码就是 9。

例如:LFV 为中国一汽大众、LFW 为中国第一汽车集团公司、LSV 为上海大众,LDC 为神龙富康、LSG 为上海通用、WDB 为德国奔驰、WBA 为德国宝马、KMH 为韩国现代等。

中国汽车技术研究中心是 SAE 授权的负责我国境内的 WMI 分配和管理的机构。制造厂首先必须向其申请 WMI。由于国际代理机构分配给我国的 WMI 代码容量只有 33×33=1089 个，这对于目前我国已有的汽车制造企业来说，虽然够用但也没有多少富余。因此一每个企业每类产品或每个品牌都希望得到一个 WMI 是不大可能的，只有那些大型企业集团，才有这种可能，广大中小型企业极大可能是一个企业只获准得到一个 WMI。

（2）□□□□□□为第二部分 VDS（车辆说明部分）。由 6 位字码组成，用以说明和反映车辆的一般特征，如品牌、种类、系列、车身类型、底盘类型、发动机类型、约束系统、制动系统和额定总质量等。如果制造厂所用代码不足 6 位，应在剩余部分位置填入制造厂选定的字母或数字，以表示车辆的一般特征，其代码及顺序由制造厂决定。

其中，第 9 位是校验位，通过对 VIN 中的其他位进行一系列计算后即可获得正确的校验位。它是其他 16 位字码对应数值乘以其所占位置权数的和除以 11 所得的余数，当余数为 0～9 时，余数就是检验数字；当余数是 10 时，使用字母"X"作为检验数字。

例如，第一位的权重是 8。计算机将第 1 位数字乘以 8。这样将 VIN 中除校验位外的所有 16 个数字乘以相应的权重，将结果相加，并用结果除以 11，所得到的余数就是校验位。

借助校验位，计算机可以立即判断 VIN 中是否存在错误，这种错误在人们抄写 VIN 或将其输入计算机时会经常出现。

（3）□□□□□○○○为第三部分 VIS（车辆指示部分），是 VIN 的最后一部分，由 8 位字码组成。一般情况下，第一位（总第 10 位）字码指示年份，见表 1-1。每年都有一个代码字符，也叫车型年份，即厂家规定的型年（Model Year），不一定是实际生产的年份，但一般与实际生产的年份之差不超过 1 年；第 11 位指示装配厂，表示车辆的组装工厂；12～17 位指示生产顺序号，类似于序号，一般情况下，汽车召回都是针对某一顺序号范围内的车辆，即某一批次的车辆，不过有些年产量少于 500 辆车的小型制造商使用第 12、13 和 14 位与第一部分的 3 位字码一起来表示一个车辆制造厂，作为附加制造商标识代码。

表 1-1 车型年份表

年份	代码	年份	代码	年份	代码	年份	代码
2001	1	2011	B	2021	M	2031	1
2002	2	2012	C	2022	N	2032	2
2003	3	2013	D	2023	P	2033	3
2004	4	2014	E	2024	R	2034	4
2005	5	2015	F	2025	S	2035	5
2006	6	2016	G	2026	T	2036	6
2007	7	2017	H	2027	V	2037	7
2008	8	2018	J	2028	W	2038	8
2009	9	2019	K	2029	X	2039	9
2010	A	2020	L	2030	Y	2040	A

二、车辆识别代号 VIN 举例

某辆雷克萨斯（LEXUS）轿车 VIN 识别代号为 JT8BD1OU4Y0015678，说明其含义。

第 1 位：生产国别代码（J 为日本）

第 2 位：生产厂家代码（T 为丰田汽车公司）

第 3 位：汽车类别代码（8 为乘用车）

第 4 位：车身类型代码（B 为四门乘用车）

第 5 位：发动机型号代码（D 为 2JZGE3.0V6）

第 6 位：汽车系列类型代码（1 为 RX300）

第 7 位：安全防护系列代码（O 为双前部和侧安全气囊）

第 8 位：汽车型号代码（U 为 RX300）

第 9 位：检验代码（制造厂内部编号）

第 10 位：生产年份代码（Y 为 2030）

第 11 位：总装工厂代码（0 为日本）

第 12 位～17 位：生产顺序代码

三、识别代号（包含 VIN）的位置

在大多数汽车上，都可以在驾驶员侧的仪表盘上找到 VIN，从车外透过风窗玻璃也可以看到此号码。此标记通常位于驾驶员侧车门内的不干胶或铭牌上，或位于车门的框基上。

有时，VIN 会印在杂物箱内。此外，它还经常出现在汽车产权证书和保险凭证上。

有两种位置标记识别代号：一种是在车辆主要部件上；另一种是标记在永久性地固定在车辆主要部件的一块标牌上。两者择其一或均采用亦可。通常，可将其打印在车架上，不仅能满足上述要求，还能满足《机动车运行安全技术条件》(GB 7258—2017) 的要求，也可省略打印整车型号和出厂编号。

车辆识别代号的标记位置应尽量位于车辆的前半部分，易于看到且能防止磨损。《车辆识别代号（VIN）管理规则》对其车辆识别代号的位置规定得更为具体，即 9 人座或 9 人座以下的车辆和最大总量小于或等于 3.5t 的载货汽车的车辆识别代号，应位于仪表板上，在白天日光照射下，观察者不需移动任意部件，即可从车外分辨出车辆识别代号。一般情况如下。

(1) 除挂车和摩托车外，标牌应固定在门铰链柱、门锁柱或与门锁柱接合的门边之一的柱子上，接近驾驶员座位的地方；如果没有这样的地方可利用，则固定在仪表板的左侧。如果那里也不能利用，则固定在车门内侧靠近驾驶员座位的

地方。

(2) 标牌的位置应当是除了外面的车门外，不移动车辆的任何零件就可以容易读出的地方。

(3) 我国轿车的 VIN 大多可以在仪表板左侧、风窗玻璃下面找到。

四、汽车配件的管理

车辆维修企业的零配件管理，可分为汽车配件的采购管理、进货管理、库房管理与库存分析和配件的发货管理等。

（一）配件的采购管理

ABC 分类法又称"帕雷托"分析法，这种方法有利于人们找出主次矛盾，有针对性地采取对策，也用于库存控制的定量分析管理。

ABC 分类法用来指导对复杂的采购行为进行简单地规划和管理，基于汽车配件库存控制的汽车配件的供应与采购管理，具有很强的实用性。

1. 原理

以操作实例简单讲述 ABC 分类法的应用。按照配件的价格和数量，把常见的配件分为以下 3 类。

(1) A 类配件：占配件种类的 10% 左右。

(2) B 类配件：占配件种类的 25% 左右。

(3) C 类配件：占配件种类的 65% 左右。

显然，这 3 类配件具有如下特点。

(1) A 类配件：种类少、金额高。

(2) C 类配件：品种多、金额少。

(3) B 类配件：介于 A 类与 C 类之间。

2. 操作步骤

(1) 配件的资料统计。将每一种配件上一时间段的用量、单价和金额进行制表。

(2) 按照金额大小进行排序，计算每种配件占配件总金额的百分比。

(3) 按照金额大小顺序计算每一种配件的累计百分比。

(4) 根据累计百分比绘制 ABC 分析表。

(5) 进行 ABC 配件分类。

在制订采购计划时，应该从 C 类配件入手，如机油、三滤等，这类配件需求量大，容易找到消耗的数量规律。在完善 C 类配件的采购计划的基础上，逐步制订 B 类配件的采购计划，由于 B 类配件的数量规律往往波动较大，所以没有办法全部严格定量计划，但是可以制订一个大致的计划。对于 A 类配件，一般不制订采购计划，而是按照需要随时订货。需要补充强调的是，制订采购计时，还需要考虑配件的到货时间和付款条件。

（二）配件的进货管理

车辆配件进仓实行质检员、仓管员、采购员联合作业，对零配件质量、数量进行严格检查，把好零配件进仓质量关。

零配件验收依据主要是进货发票，另外进货合同、运货单、装箱单等都可以作为车辆零配件验收的参考依据。车辆零配件验收内容主要是品种、数量和质量。

1. 品种验收

根据进货发票，逐项验收车辆零配件的品种、规格和型号等，检查是否有货单和货物不相符的情况；易碎件、液体类物品，应检查有无破碎或渗漏情况。

2. 点验数量

对照发票，先点收大件，再检查零配件包装及其标识是否与发票相符。一般对整箱整件，先点件数，后抽查细数。零星散装配件点细数，贵重零配件逐一点数。对原包装零配件有异议的，应开箱开包点验细数。

3. 质量验收

质量验收方法有两种：一是仪器验收；二是感观验收。主要检验车辆零配件证件是否齐全，如有无合格证、保修证、标签或使用说明等。车辆零配件是否符合质量要求，如有无变质、水湿、污染和机械损伤等。

经过验收，对于质量完好、数量准确的车辆零配件，要及时填制和传递"车辆零配件验收入库单"，同时组织零配件入库。对于在验收中发现问题的，如数量、品种或规格错误，包装标签与实物不符，零配件受污受损，质量不符合要求等，均应做好记录，判明责任，联系供应商解决。

（三）汽车配件的仓库管理

在社会化大生产和社会分工的条件下，物资在从生产领域向消费领域转移的过程中，一般都有储存阶段。仓库是用来储存和保管物资的场所，仓库管理就是对储存物资的合理保管和科学管理。

汽车配件的仓库管理一般包括：仓库的规划、货物存放定位、配件数量的管理、配件的盘存、库存分析、配件的发货管理与复核、配件养护等工作。

1. 汽车配件仓库管理的作用

配件仓库是汽车配件经营服务的物资基地，仓库管理也是企业管理的重要组成部分。仓库管理主要作用如下。

（1）仓库管理是保证汽车配件使用价值的重要手段。汽车配件经营企业的仓库是服务于用户，为本企业创造经济效益的物资基地。仓库管理的好坏，是汽车配件能否保持使用价值的关键之一。如果严格地按照规定加强对配件的科学管理，就能保持其原有的使用价值，否则，就会造成配件的锈蚀、霉变或残损，使其部分甚至是全部失去使用价值。所以加强仓库的科学管理，提高保管质量，是保证所储存的汽车配件价值的重要手段。

（2）仓库管理是汽车配件经营企业为用户服务的一个重要内容。汽车配件经营企业在为用户服务的过程中，最后一道工序就是要通过仓库管理员，将用户所需各种类型的配件交给用户，满足用户的需求，以实现企业服务用户的宗旨。

2. 仓库管理的任务

仓库管理的基本任务，就是搞好汽车配件的进库、保管和出库，在具体工作中，要求做到保质、保量、及时、低耗、安全地完成仓库工作的各项任务，并节省保管费用。

（1）保质就是要保持库存配件原有的使用价值，为此，必须加强仓库的科学管理。在配件入库和出库的过程中，要严格把关，凡是质量问题或其包装不合规定的，一律不准入库和出库；对库存配件，要进行定期检查和抽查，凡是需要进行保养的配件，一定要及时进行保养，以保证库存配件的质量随时都处于良好状态。

（2）保量指仓库保管按照科学的储存原则，实现最大的库存量。在汽车配件保管过程中，变动因素较多，比如配件的型号、规格、品种繁多，批次不同，数量不一，长短不齐，包装有好有坏，进出频繁且不均衡，性能不同的配件的保管要求不一致等，这就要求仓库管理员进行科学合理的规划，充分利用有限的空间，提高仓库容量的利用率。同时要加强对配件的动态管理，对库存配件一定要坚持"有动必对，日清月结"，定期盘存，认真查实，随时做到库存配件账、卡、物三相符。

（3）及时是指在保证工作质量的前提下，汽车配件在入库和出库的各个环节中，都要体现一个"细"字。如入库验收过程中，要加快接货、验收、入库的速度。对一切烦琐的，可要可不要的手续要尽量简化，要千方百计压缩配件和单据在库的停留时间，加快资金周转，提高经济效益。

（4）低耗指配件在保管期间的损耗降到最低限度。配件入库前，严格进行入库验收把关，剔除残次品，发现数量短缺，并做好验收记录，明确损耗或短缺责任，以便为降低保管期间的配件损耗或短缺创造条件。入库后，要采取有效措施，如装卸搬运作业时，要防止野蛮装卸，爱护包装，包装损坏了要尽量维修或者更换；正确堆码苫垫，合理选择垛型及堆码高度，防止压力不均倒垛或挤压坏产品及包装。对上架产品，要正确选择货架及货位。散失产品能回收尽量回收，以减少损失，千方百计降低库存损耗。同时要制定各种产品保管损耗定额，限制超定额损耗，把保管期间的损耗降低到最低限度。

（5）安全指做好防火、防盗、防霉变残损以及防工伤事故，防自然灾害等工作，确保配件、设备和人身安全。

（6）节省费用指节省配件的进库费、保管费、出库费等成本。为达到这些目的，必须加强仓库的科学管理，挖掘现有仓库和设备的潜力，提高劳动生产率，把仓库的一切费用成本降到最低水平。

3. 配件仓库的规划

（1）配件仓库规划的原则

① 有效利用有限的空间。

② 防止出库时发生错误。

（2）汽车配件的分区分类　配件分区分类的确定，要贯彻"安全、方便、节约"的原则，在配件性质、养护措施、消防措施基本一致的前提下进行统一规划。

① 分区分类的方法。汽车配件分区分类，大体有以下两种情况。

a. 按品种系列分类，集中存放。例如：存储发动机配件的叫发动机仓库（区）；存储通用汽车配件的叫通用件仓库（区）。

b. 按车型系列分库存放。例如：国产汽车配件仓库（区）、进口汽车配件仓库（区）等。

② 分区分类应注意的事项。

a. 按汽车配件性质和仓库设备条件安排分区分类。

b. 性质相近和有消费连带关系的汽车配件，要尽量安排在一起存储。

c. 互有影响、不易混存的汽车配件，一定要隔离存放。

d. 出入库频繁的汽车配件，要放在靠近库门处；粗、重、长、大的汽车配件，不宜放在库房深处；零碎配件要注意存放处的安全。

e. 消防灭火方法不同的汽车配件不得一起存储。

4. 安全合理堆码

仓库里的配件堆码，必须贯彻"安全第一"的原则，不论在任何情况下，都要保证仓库、配件和人身的安全。同时还要做到文明生产，配件的陈列堆码，一定要讲究美观整齐。

汽车配件堆码指的是仓储汽车配件堆存的形式和方法，即堆放在一起，又称堆垛。汽车配件进入仓库存储，应按一定的要求存放，不准随意平摊或堆叠。汽车配件堆码必须根据汽车配件的性能、数量、包装、形状以及仓库的条件，按照季节变化的要求，采用适当的方式、方法，将汽车配件堆放稳固、整齐。必须做到安全、方便、节约。

（1）堆码具体要求

① 要保证人身、汽车配件与仓库的安全。堆码严禁超载，不许货垛重量超过仓库地面或货架的设计负重。货垛不宜过高，垛顶与库房梁、灯要保持安全距

离。货垛与墙、柱和固定设备之间，以及货垛与货垛之间都应有一定的间隔距离，以适应汽车配件检查、操作和消防安全的需要。

② 要便于汽车配件出入库操作。为考虑汽车配件先进先出、快进快出的要求，货垛不可阻塞通道，或堆成死垛。货垛的位置应统筹安排，货垛之间、货垛与设备之间的距离以及走道的设置要合理，以切实保证收、发货和配件检查养护等作业的方便。

(2) 常见的堆码方法

① 重叠法。按入库汽车配件批量，视地坪负荷能力与可利用高度，确定堆高层数，摆定底层汽车配件的件数，然后逐层重叠加高。上一层每件汽车配件直接置于下一层每件汽车配件之上并对齐。硬质整齐的汽车配件包装、长方形的包装和占用面积较大的钢板等采用此法，垛体整齐、稳固，操作比较容易。但不能堆太高，尤其是孤立货垛以单件为底，如重叠过高易倒垛。

② 压缝法。针对长方形汽车配件包装的长度与宽度成一定比例，汽车配件每层压缝堆码。即上一层汽车配件跨压下一层两件以上的汽车配件，下纵上横或上纵下横，货垛四边对齐，逐层堆高。用此法每层汽车配件互相压缝，堆身稳固，整齐美观，又可按小组出货，操作方便易于腾出整块可用空仓。每层和每小组等量，便于层批标量，易于核点数量。

③ 牵制法。汽车配件包装不够平整，高低不一，堆码不整齐，可在上下层汽车配件间加垫，并加放木板条，使层层持平有牵引，防止倒垛。此法可与重叠法、压缝法配合使用。

5. 盘存汽车配件

汽车配件的盘存是指仓库定期对库存汽车配件的数量进行核对，清点实存数，查对账面数。不仅要清查库存账与实存数是否相符，有无溢缺或规格互串，还要查明在库汽车配件有无变质、失效、残损和销售呆滞等情况。通过盘存，彻底查清库存数量已有或隐蔽、潜在的差错事故，发现在库汽车配件的异状，及时抢救、减少和避免损失。

仓库保管员应定期或不定期盘查库存配件的库存状况，一般每月一次，盘查的内容主要是数量、质量、保质期等，并做好相应记录。

(1) 盘存的目的　及时掌握库存配件的变化情况，避免配件的短缺丢失或超储积压，保证配件库存存货的位置和数量的正确性；及时了解库存的数量、品质，为采购计划的制订，评价内部管理水平以及了解工作人员责任心等提供充分的依据。

(2) 盘存的内容

① 盘存数量。对计件汽车配件，应全部清点，对货垛层次不清的汽车配件，应进行必要的翻垛整理，逐批盘存。

② 盘存重量。对计重汽车配件，可会同业务部门据实逐批抽件过秤。

③ 核对账与货。根据盘存汽车配件实数来核对汽车配件保管账所列结存数，逐笔核对。查明实际库存量与账、卡上的数字是否相符；检查收发有无差错；查明有无超储积压、损坏、变质等。

④ 核对账与账。仓库汽车配件保管账应定期，或在必要时，与业务部门的汽车配件账核对。

(3) 盘存的方法　盘存的方法主要分为日常盘存、定期盘存、重点盘存三种。

① 日常盘存。这种盘存不定期，是一种局部性的盘存。一是动态复核，即对每天出动的货垛，发货后随即查点结存数，这种核对花时少，发现差错快，可以有效地提高账货相符率。二是巡回复核，即在日常翻仓整垛、移仓、过户分垛后，对新组合的货垛，或零散的货垛，安排巡回核对点数。

② 定期盘存。一般在月末、季末、年末进行。盘存时，按批清点库存数量，以实存数对卡、对账，核完作出已盘标记。

③ 重点盘存。指根据工作需要，为某种特定目的而对仓库物资进行的盘存和检查，如工作调动，意外事故，搬迁移库等进行的盘存。

定期盘存和重点盘存时均应有财务人员负责监盘，监督保管人员进行实物清点、确认，同时检查各财产物资堆放是否合理，库存是否适宜，有无过期、损坏情况存在，盘存情况登记于相应的《材料物资盘存明细表》上。盘存结束以后，编写《盘存报告》，填写处理意见并上报。

(4) 盘存结果的验收及总结　对于盘存后出现的盈亏、损耗、规格串混、丢失等情况，应组织复查、落实，分析产生的原因，及时处理。

① 储耗。对易挥发、潮解、溶化、散失、风化等物资，允许有一定的储耗。凡在合理储耗标准以内的，由保管员填报"合理储耗单"，经批准后，即可转财务部门核销。储耗的计算，一般一个季度进行一次，计算公式如下：

合理储耗量＝保管期平均库存量×合理储耗率

实际储耗量＝账存数量－实存数量

储耗率＝保管期内实际储耗量/保管期内平均库存量×100%

实际储耗量超过合理储耗部分作盘亏处理，凡因人为的原因造成物资丢失或损坏，不得计入储耗内。

② 盈亏和调整。在盘存中发生盘盈或盘亏时，应反复落实，查明原因，明确责任。由保管员填制"库存物资盘盈盘亏报告单"，经仓库负责人审签后，按规定报经审批。

③ 报废和削价。由于保管不善，造成霉烂、变质、锈蚀等配件；在收发、保管过程中已损坏并已失去部分或全部使用价值的；因技术淘汰需要报废的；经

有关方面鉴定，确认不能使用的，由保管员填制"物资报废单"报经审批。

由于上述原因需要削价处理的，经技术鉴定，由保管员填制"物资削价报告单"，按规定报上级审批。

④ 事故。由于被盗、火灾、水灾、地震等原因及仓库有关人员失职，使配件数量和质量受到损失的，应作事故向有关部门报告。

在盘存过程中，还应清查有无本企业多余或暂时不需用的配件，以便及时把这些配件调剂给其他需用单位。

6. 配件库存分析

所谓配件库存分析，就是通过对库存配件的存量和流量的数据分析，找到控制采购和库存的办法。

(1) 初级配件库存分析　所谓初级的库存分析，就是观察哪些配件缺货，哪些配件库存过剩，或者有缺货与过剩的可能，以向采购部门提供采购计划的参考意见。库存分析最好是建立在计算机管理的基础之上，如果上述的工作内容要用人工来实现的话，工作量就非常巨大了。

首先，要为每一个汽车配件规定它的属性，除了规定它的名称、价格等参数外，还要规定它的库存参数。库存参数包括其存放时间、占地面积或体积、货位、数量等。初级库存分析涉及的主要是其数量参数。在不考虑库存体积和容积的情况下，最常用的数量参数有3个，即库存上限、库存下限和库存警戒线。库存上限，在就是正常情况下，商品在仓库里允许存放的最大数量。也就意味着，超过上限的商品库存，就成为冗余了。库存下限，就是在正常情况下，库存中商品应该保持的最低数量。低于下限，就意味着商品库存严重不足，可能影响生产。库存警戒线，是为了保证商品库存不低于下限，当商品在使用过程中，数量减低到一定限度，就要进行补货采购，这个限度就是警戒线。因而，库存分析对采购也有监督的作用。

一般来说，仓库管理员每天上下班时，都要检查一下库存，以确定是否有库存过剩或不足的情况。

(2) 进阶配件库存分析　进阶库存分析，就是不仅仅简单地查看直观的库存数据，而是要从这些直观数据之中，结合其他信息，进行计算和分析，找到维持合理库存的有效办法。例如，给采购部提供补货参考。

除了要知道库存数量这些数据之外，还需要掌握配件的存放时间、订货周期等，才能计算出合理的补货量。如果该参考建议要成为可行的计划，肯定还需要把可替代配件、采购金额等考虑进去，结合本企业的实际情况，才能给出可行的计划。

如果企业的商品流量很大，可能还会要求库存分析者提供特定的图表，供采购部门参考。

(四) 配件的发货管理与复核

1. 发货的管理

(1) 审核汽车配件出库凭证。仓库发货必须有正式的单据为凭，所以第一步就是审核汽车配件出库单据。主要审核业务单位开制的汽车配件调拨单或提货单，查对其付货仓库名称有无错误；必要的印鉴是否齐全、相符，汽车配件品名、规格、等级、牌号、数量等有无错填，单上填写字迹是否清楚，有无涂改痕迹，提货单据是否超过了规定的提货有效日期。手续不符，仓库有权拒绝付货。

(2) 凭单记账，核销存货。出库凭单经审核无误，仓库记账员即可根据凭单所列各项对照登入汽车配件保管账，并将汽车配件存放的货区库房、货位、排放号以及发货后应有的结存数量等批注在汽车配件出库凭证上，交保管员查对配货。

(3) 近号找位，据单配货。保管员根据出库凭证所列的项目内容核实并进行配货。

(4) 装箱。出库汽车配件有的可以直接装运出库，有的还需要经过包装待运环节。装箱单一式四联，一联存根，二联随货同行，三联放入包装内，四联粘贴在包装外。

(5) 待运。送货的汽车配件，不论整件或拼箱的，均须进行理货，集中待运。仓库应填制汽车配件启运单，并通知运输部门提货发运。

(6) 发货。运输部门人员持汽车配件启运单到仓库提货时，保管员应逐单一一核对，并点货交于运输人员，划清责任。

2. 发货的复核

(1) 配件的复核。仓库保管员凭证配货后，由待运汽车配件保管员进行逐单核对。复核汽车配件有无差错，箱号、件数是否相符；复核发往地点与运输路线有无错误，收货单位名称书写是否正确清楚。或对汽车配件的品名、规格、等级、牌号、数量等进行复核。未经复核或单货不符的汽车配件不得出库。

(2) 账、货、结存数的复核。保管员据单备货，从货垛、货架上取货以后，应立即核对汽车配件结存数；同时检查汽车配件的数量、规格等是否与记账员在出库凭证上批准的账面结存数相符。并且要核对汽车配件的货位号、货卡有无问题，以便做到账、货、卡三相符。

(五) 用条形码管理汽车配件

条形代码由黑色条符和白色条符根据特定的规则组成，黑白条符的不同排列方法构成不同的图案，从而代表不同的字母、数字和其他人们熟悉的各种符号。一个完整的条形码信息由多个条形代码组成。由于整条信息中的黑白条符交替整齐地排列成栅栏状，人的眼睛不易区别其中单一字符的条形代码，要利用电子技术来识别。

货物入库时，首先由条码采集终端记录外包箱上的条码信息，选择对应的采购信息和仓库及货位信息，然后批量把数据传输到条码管理系统中，系统会自动增加相应的库存信息，并记录相应的产品名称、描述、生产和采购日期。在零部件入库上架作业过程中，系统均与采集终端进行自动校对和传入，实现自动化作业流程控制，如自动生成拣货单并下载到终端，自动比对拣货数量，自动传送拣货信息到后台系统。自动化的作业流程可以极大地提高入库工作效率。

作为仓库管理重要工作环节，每到一定时间都要进行盘库作业，以确保库存准确无误，防止资产流失。借助于条码管理系统，盘库作业将变得非常轻松。条码数据采集终端的一个主要功能就是进行盘点作业，所以又称"盘点机"。盘点管理时系统会产生盘点单，可以根据仓库规模的大小，选择是全仓盘点还是分仓位盘点。本方案的编码方式，不但可以准确地计算出理论库存和实际库存的差距，还可以精确定位到出现差错产品的条码，继而可以有效追踪到单品和相关责任单位。

销售的配件可通过配件上的条码进行追溯，确定某一个配件的具体信息，确定其是否是销售到该地区。如果发现有串货行为，显示该配件最初是销售给哪个区域，并追溯到最初的经销商。

第五节
信息技术在汽车售后服务中的运用

随着私家车的普及，对汽车售后维修行业的服务要求也越来越高，快捷到位的服务、完整保存客户维修信息以及现代化的科学管理成为维修站首要解决的问题。从汽车进维修站到竣工结算，一条龙的计算机管理服务，做到让消费者清清楚楚的消费，让管理者在各模块中都能清楚进行分类汇总查询统计。

现在的维修站普遍使用汽车维修管理系统进行管理，如何把汽车维修管理系统的功能发挥到最大，在维修站的内部流程管理中起到它应有的作用，为经营者提供信息操作平台，为决策者提供数据依据显得尤为重要。

在汽车工业高速发展的今天，汽车的各种性能不断提高，汽车高新科技层出不穷，现代汽车维修企业有两个显著特征：一是先进的检测维修设备和维修资料的应用；二是计算机网络的应用与电脑管理。是信息化和电脑技术把汽车维修企业引向现代管理模式和管理方式。以美国汽车维修业为例，在维修信息综合管理、专家集体会诊、网上查询资料、网上解答疑难杂症、网上开展技术咨询、网上购买汽车维修资料,已经成为维修行业的基本特征。事实上,由于汽车维修行业业务过程复杂、数据信息量大,仅仅依靠人力往往难以对维修、配件、客户档案、车辆档案、员工及各部门工作进程的监督、企业经营数据进行准确的统计和分析。而运用电脑管理,速度快、时间短、资料全、效率高。一个30人的维修企业的月度工时统计,如采用人工计算,需要一个统计员1~2天的时间,采用电脑进行统计仅仅需要几秒钟,效率提高何止几千倍。从国际汽车维修行业看,维修行业技术资料查询、故障检测诊断、技术培训网络化,已成为全面普及的局面。

  目前ET互联网站已发展成为专业性最强的汽车维修专业网站,涵盖欧美亚各车系的发动机、变速箱、空调、悬挂、转向、定速、安全气囊、防盗等各系统的基本保养、检修程序、各类数据、各类元件位置图、机械拆装图、电气线路图,并实现了在网上答疑、网上咨询、网上查询、网上培训等功能。这种以电脑信息处理技术为特点的互联网站,已构成现代汽车维修企业的一大高科技特征。

  汽车维修专业互联网的另外一项重要功能是可以迅速、快捷地提供汽车配件、汽车维修检测设备、汽车维修资料、汽车维修技术与管理人才等方面的供需信息,使企业经营者和管理者能够及时获得信息,作出正确的选择和决策。而互联网上的技术讨论和技术交流,又加速了汽车维修技术人员的整体技术水准。

第二章

客户关怀

第一节　客户关系管理
第二节　客户抱怨和投诉处理

客户资源是企业最重要的战略资源之一,是企业利润的源泉。拥有客户就意味着企业拥有了在市场中继续生存的理由,而拥有并想办法保留住客户是企业获得可持续发展的动力源。

第一节 客户关系管理

从 20 世纪 80 年代开始,经过 30 多年的发展,市场经济的观念已经深入人心。在以消费者为核心的商业世界中,厂商所面临的最大挑战之一便是:这是一个充满"个性化"的社会,消费者的形态差异太大,随着这一"以消费者为中心"时代的来临,一些先进企业的重点正在经历着从以产品为中心向以客户为中心的转移,所以传统的以产品为中心的 4P 营销组合已不再适合以低成本提供个性化产品和服务为核心的大规模定制营销的要求。于是营销学者提出了新的营销要素。

劳特朗先生 1990 年在《广告时代》上面,对应传统的 4P 提出了新的观点:"营销的 4C。"它强调企业首先应该把追求客户满意放在第一位,产品必须满足客户需求,同时降低客户的购买成本,产品和服务在研发时就要充分考虑客户的购买力,然后要充分注意到客户购买过程中的便利性,最后还应以消费者为中心实施有效的营销沟通。4C 即:

(1) 消费者的需要与欲望 (Customer's needs and wants)。

(2) 消费者获取满足的成本 (Cost and Value to satisfy consumer's needs and wants)。

(3) 用户购买的方便性 (Convenience to buy)。

(4) 与用户沟通 (Communication with consumer)。

4C 理论强调企业与客户沟通,一切从客户的利益出发,其目的是为了维护客户的忠诚度。在当今艰难的经济时代,维护现有客户比赢得新的客户方便得多,但是想要赢得客户的忠诚度却是很困难的。因此企业应该注重对于忠诚客户的培养才会最终提升企业的核心竞争力,使企业在激烈的竞争中立于不败之地。

一、客户关系管理定义

在新的市场环境下,客户的需求也从简单的理性消费发展到感性消费的阶段,对产品的要求也更加的多样化,对于服务质量也有更高的要求。所以企业只有通过有效管理客户资源来提高竞争力、改善服务、提高效益、降低成本,从而提升企业的营运能力，提升客户满意度和品牌认知度，在企业与客户之间建立有效的沟通渠道，能持续地与客户保持有效的沟通，及时、快捷地解决客户的问题，使客户成为企业的赞美者和产品的推荐者，同时使企业的经营质量和管理水平得到提升。

所以，客户关系管理是指企业通过有意义的交流沟通，理解并影响客户的行为，最终实现提高客户获取、客户保留、客户忠诚和客户获利的目的。客户关系管理的核心思想就是：客户是企业的一项重要资产，客户的获取、保留和忠诚是客户关系的中心，客户关系管理的目的是与所选客户建立长期和有效的业务关系，在与客户的每一个"接触点"上都更加接近客户、了解客户，最大限度地增加利润和利润占有率。其主要内容包括以下几项。

第一，建立客户关系，包括三个环节：对客户的认识，对客户的选择，对客户的开发。

第二，维护客户关系，包括五个环节：对客户信息的掌握，对客户的分级，与客户进行互动与沟通，对客户进行满意度分析，并想办法实现客户的忠诚。

第三，在客户关系破裂的情况下，恢复客户关系，挽回已流失的客户。

第四，进行基于客户关系管理理念下的营销、客户服以及客户服务与支持的业务流程重组。

二、客户关系管理作用

（1）帮助企业进行资源整合，提高企业效益。通过客户关系管理，能够对客户信息资源进行分析。然后通过对客户信息资源的整合，及时掌握客户的第一手信息。根据不同类型的客户对服务的不同要求来改善服务，从而提高企业的工作质量和营销效率，有利于企业实现由传统的经营模式向现代管理模式转化。与此同时，通过对客户信息资源的整合，使得客户信息资源也可以在公司内部不同部门之间达到共享，从而为客户提供更快速周到的优质服务。

（2）帮助企业降低经营成本，扩大企业销售。忠诚营销的经济学基础是符合帕累托定律的，即"20/80定律"，80%的收入是由20%的客户贡献的。企业只要抓住最核心的20%的价值客户，就可以赢得绝大多数的收入和利润。客户关系管理就是通过对客户价值的量化评估，帮助企业找到这些20%价值客户，将更多的关注投向这些价值客户，提高企业的经营水平。所以说实施客户关系能够有效降低企业的经营成本。

（3）帮助企业改善服务，形成较好的口碑。客户关系管理的核心就是企业的生产和营销活动都要切实做到以客户为中心，通过为客户提供能够很好满足其个性化需求的产品或服务来赢得客户的青睐，及时为客户提供有价值的服务和帮助，从而树立良好的企业美誉度和品牌形象，进而与客户成为密不可分的价值统一体。

据权威部门研究，如果客户满意度提升5%，企业的整体利润将会加倍。而一个非常满意的客户的购买意愿相当于6倍的满意客户，同时满意度高的客户能够帮企业带来更多的潜在客户。在一段时期和区域内，形成较好的口碑等于企业花最小的成本去做最有效的广告。由于汽车技术升级带来的价格提升和汽车客户在购车时对汽车实用性和品质的要求，使得口碑宣传在汽车企业的营销中尤其重要。

三、客户资源管理

对于企业来说，拥有完善的客户资料库是与客户建立良好的长期关系的一个基础。企业若没有完善的客户信息，很难实现客户资源管理。这就意味着，企业对客户信息要有系统的收集和整理，对于实行客户资源管理的企业，关键的第一步就是充分利用现有的客户信息，建立并完善自己的客户数据库，并与资料库中的每一位客户建立良好的长期关系，最大限度地提高客户的终身价值。

（一）收集客户信息，管理客户信息，建立完善的客户资料库

1. 建立完善的数据库

收集客户信息是一个长期的动态的过程。这是因为客户的情况是不断变化的，所以客户的信息也要不断地加以更新。

（1）客户包括：潜在客户、保修内客户、保修外客户和其他汽车品牌在店维修的客户等。

（2）客户信息管理系统：所有的客户信息都在同一电脑软件里面进行集中管理。

（3）建立完善的客户信息管理：客户信息应包括例如车主基本信息、车辆基本情况、维修保养记录、投诉建议、活动信息、俱乐部信息等。

2. 客户信息的收集途径

很多企业对于客户的信息大多是需要完善的，维修服务人员可以通过电话回访、促销优惠、来电（店）客户登记、俱乐部信息记录、赠送礼品等方式进行收集和完善整理。汽车维修服务人员可以通过这些途径来挖掘更多的线索，这里不仅能收集到一定的市场信息，而且能快速找到目标客户群，有效地定位重点客户。经销商应建立客户数据库来存放客户的基本资料，便于查询和整理。

（二）对客户信息进行分类，进行差别化管理

对于收集到的客户信息售后维修服务人员需要对此进行分类，对于核心价值客户或重点客户要予以优先考虑，进行差别化管理，提供优质的服务，不断提高客户的满意度。客户整理的分类项目包括：

(1) 按车辆用途分,可以分为私家车、营运车和公车。

(2) 按维修保养的项目,可以分为上次未完成项目(配件缺货、时间匆忙、临时有事),车辆保养,客户车辆日常维修。

(3) 按车龄划分,可以分为一年以内,2~3年,3~6年,7年以上。

(三) 主动收集客户抱怨,提升客户满意度与忠诚度

不管是满意客户还是不满意客户,客户对于产品或服务都有这样那样的不满和意见,客户的投诉是反映这些问题的一种主要形式,被动地接受客户反映的问题,这不仅不利于信息收集和处理工作,而且容易导致抱怨升级,给企业带来更大的危害。处理好客户投诉工作,需要做好如下两点。

首先,变"被动接受"为"主动搜集"。具体可以通过以下途径开展工作,建立起经销商和客户之间的沟通渠道,如:电话访问、进行市场调查、设立意见箱、召开客户座谈会、发放意见征询表、开设24h投诉热线等多种方式。

其次,对客户投诉意见进行分析整理。通过调查发现,客户投诉一般主要集中在服务接待、职业道德、服务环境、维修质量、维修时间、备件保供、维修收费等几个方面。

每一个抱怨的客户都希望企业能够快速地做出反应。如果企业没有及时正确地处理客户抱怨,会使客户感到自己没有受到足够的重视,加深他们的不满程度。所以,企业不仅要鼓励客户抱怨,还应该采取实际行动表明自己对客户抱怨的高度重视,及时地处理客户投诉。

四、客户满意

美国市场营销大师菲利普·科特勒认为,客户满意"是指一个人通过对一个产品的可感知效果与他的期望值相比较后,所形成的愉悦或失望的感觉状态"。亨利·阿塞尔也认为,当商品的实际消费效果达到消费者的预期时,就导致了满意,否则,则会导致客户不满意。

从这两位大师对客户满意的理解可以看出:客户满意是指客户的一种心理感受,具体说就是客户的需求被满足后形成的一种愉悦感或状态。如果客户可感知效果低于期望,客户就会感到不满意;如果客户可感知效果与期望相匹配,客户就会感到满意;如果客户可感知效果超过期望,客户就感到"物超所值",就会很高兴,甚至赞叹,这两个之间的差值越大,客户就会越满意。用公式表示为:客户满意=可感知效果-客户期望。

此处的"满意"不仅仅是在产品结构、产品质量、销售方式等直观上使客户满意,更深层的含义是企业所提供的服务与客户期望的吻合程度如何。客户在购买了企业的汽车产品和服务后,满意度并不会自然得到提升。反而会随着对汽车企业、汽车产品与汽车服务的体验进一步认识到满意的概念,会有很多问题产

生。这样就需要对客户进行售后服务流程的设计，保证企业服务理念的准确传递。

五、客户满意度

客户满意度，也叫客户满意指数，是对服务性行业的客户满意度调查系统的简称，它是一个相对的概念，是指量化了的客户满意度。换言之，就是客户通过对一种产品可感知的效果与其期望值相比较后得出的指数。用公式表示为：客户满意＝购买后体验－客户期望，图2-1为客户满意决定因素示意图。

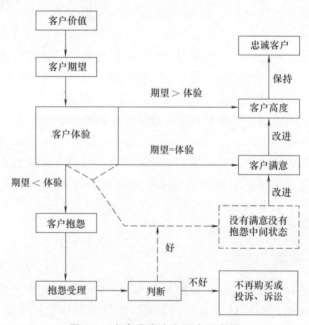

图2-1 客户满意决定因素示意图

六、客户满意理念的确立

客户满意应该是企业基本经营理念的核心部分，评价顾客满意与否及满意程度的问题受到社会、企业和消费者的普遍关注。使客户满意绝不仅仅只是产品的一部分那么简单。只有树立起正确的客户满意理念，工作才能有效地发挥作用。错误的理念只能使企业的经营状况越来越糟糕。那么我们应该树立什么样的客户理念呢？

（1）企业自身因素决定拥有客户的类型。企业的工作人员如果经常遇见抱怨、刁钻刻薄的客户，就应该需要自我反省。因为企业所提供的服务就是为了满足客户的需求，客户的问题很多就意味着企业在某个环节肯定存在问题。

(2) 产品与服务的标准应高于客户预期。企业提供的产品和服务的要求应该是什么？产品和服务标准的判断应如何确定？这些都离不开对客户的预期要求。一方面，企业应把产品和服务的要求提高到客户现有的预期之上让顾客满意；另一方面，企业要以满足客户的基本要求作为工作的出发点，以提供连他们都没意识到的深层次需求作为企业开展客户服务工作的终点。

(3) 鼓励顾客多抱怨，并建立信息反馈机制。有的服务人员认为，客户抱怨拖得时间越长，他们对于企业的期望值也就越低，我们的损失也会越小。但是结果却是事与愿违，客户的失望和不信任情绪是一次次累计起来的，我们要抓住每次机会减少客户的失望情绪，从而了解客户想要什么样的汽车产品。如果能够得到这些信息，就意味着我们向满足他们的需求迈进了一步。如果能快速处理，不仅可以发展和顾客的关系还能减少处理成本，还能使曾经抱怨过的客户发展成满意客户甚至是忠诚型客户。

汽车企业要为客户提供反馈信息的机会，并且要建立通畅的信息反馈渠道。通过这些渠道，可以解决和客户之间的交流问题，解决汽车企业内部管理可能存在的问题。同时，汽车企业及时了解客户也能提高客户对于汽车企业的满意度。与此同时，汽车企业还可以利用这些渠道掌握客户的相关信息，从而建立客户信息库，并且针对这些特点更好地展开服务。这样就使企业和客户有了互动的渠道，从而提高客户满意水平，促进企业的发展与进步。

七、提高客户满意度的途径

只要是客户想要的，企业就能给予，客户没想到的但客户需要的企业也能满足，这就会使客户觉得企业给予他足够的关怀，从而产生一种亲近感。亲和友善的客户关系在企业提供服务的同时，还能够满足客户情感上的需求，通过心理作用，提高服务价值和企业形象，加强客户的满意度。下面提供几种提高客户关怀的途径。

1. 新车提醒

对于购买新车的客户应尽到告知义务。

(1) 对于新车的使用方面：起步先预热、速度要控制、挡位要勤换、制动先离合等。

(2) 提醒客户首次汽车保养的里程和时间。

(3) 在新车提车后的2～3周内，询问车主的使用情况，并且解决客户在使用过程中产生的疑问。

2. 电话跟踪回访服务

(1) 在客户进店维修时与客户商量好电话回访的时间，商量好客户在哪个时间段是有空接受电话回访的。维修后三天内进行电话回访，对于客户提出的意见和建议及时的跟踪和回馈。

(2) 对于很久没有进店维修保养的客户，应电话联系了解客户对本店的售后服务的满意程度，及未来店维修保养的原因。若有做的不到之处，首先应表达歉意，并请求客户来店或登门访问。

3. 短信群发服务

借助短信群发功能，在特殊的日子向客户提供提醒服务。既可以使客户规避风险，又可以提高客户来店维修的业务量。

(1) 提醒客户定期做汽车保养。主要提醒客户进行相关车辆的保险续费，其目的不在于推销保险，而是在为客户做服务提醒的同时也可以避免流失客户。

(2) 车辆保险、年检、驾驶证审验提醒。错过这些审查，会有很多严重的风险，贴心的提醒能避免客户很多麻烦。

(3) 恶劣天气和特殊情况的驾驶提醒以及季节性的关怀。大雨天出行前检查雨刮器；在水中熄火不要再启动；下雪天注意路滑；新车磨合期车速提醒；每个季节使用汽车的注意事项等。

(4) 客户重要节日的祝福。在客户特殊的日子里收到短信，使其心中有份暖意，用来增进与客户的感情。

(5) 公司活动通告。提前告知客户车主俱乐部、自驾游活动、宴会活动和优惠活动等。

4. 邮递祝福函

在客户生日、周年纪念日及重大的节日期间，祝福函直接寄到客户手中，体现出对客户的尊重与关爱。

5. 客户答谢

通过宴会、座谈会、发布会等方式答谢客户。

(1) 定期举办客户答谢会，内容可以包括：座谈会互相推荐保养维修技巧、驾驶技巧、事故处理流程和方式。

(2) 赠送贴心小礼物。

(3) 进行客户满意度调研。

6. 会员折扣与积分

实行会员折扣与积分的主要目标就是留住客户，与客户建立长期稳定的关系，使他们转变为忠诚客户。售后发起的会员制所提供的特定礼品或者会员服务可以满足这些长期忠诚客户一生的需要。建立会员的第二个主要目标是吸引新的客户。建立会员的第三个主要目标是建立强大的客户数据库。第四个主要目标就是创造与会员沟通的机会，以加强与会员间的接触。会员组织与会员之间的频繁接触可以形成更直接的、更个性化的沟通，这有助于会员对会员组织产生归属感。采用会员制营销方案，不管采用的是积分制、俱乐部会员制、还是长期优惠的使用协议,其最终目的都是为了有效提升客户黏性,同时刺激客户消费积极性。

7. 紧急救援服务

汽车售后建立免费道路救援服务,由维修企业为车主提供在用户遇到困难时提供免费的救援服务,如接电服务、紧急送油、紧急加水、更换轮胎、拖车牵引等项目完全免费。道路救援也给汽车企业带来了足够的人气,并将品牌形象凸显出来,使企业和车主合作共赢,互惠互利,保障放心出行,安全出游。

现场车辆紧急救援服务如下。

(1) 紧急修理:车辆因机械故障无法正常行驶时,免费提供紧急修理服务。

(2) 电瓶充电:车辆因电瓶缺电时,免费提供充电服务。

(3) 更换备胎:车辆因轮胎无法行驶时,免费提供更换备胎服务(车主需备完好备胎)。

(4) 应急加油/加水:车辆燃油耗尽无法行驶时,免费提供加油服务(加油每次免费 3L,超出部分按市场价收费),发动机因水温过热高或缺水情况时,免费提供加水。

(5) 提供交通事故信息咨询服务:当被保险人的车辆发生交通事故时,救援公司为被保险人提供有关最初事故处理方面的信息咨询服务。

第二节
客户抱怨和投诉处理

在汽车维修服务接待的环节,由于服务的即时性,会使维修服务的各个环节都有可能发生失误。如果说这些失误不能很好地处理好的话,就很有可能转化成客户的抱怨,甚至是投诉。

对于客户抱怨和投诉事件,很多售后维修服务人员很头疼的。可以说,没有哪个服务人员没有遇到过此类的问题,而且也没有哪个服务人员能够避免这个问题。因此售后服务接待人员如果想要成长起来,必须要学会很好地处理投诉。

一、客户抱怨和投诉的状况分析

张先生的汽车在行驶过程中发生故障,在他送店维修的过程中发生了很多令他不愉快的经历。因此在他遇到服务顾问时,就向还在实习期间的服务顾问小王进行抱怨,说:"你看看你们公司的办事效率,我都等了一个小时拖车才来的,而且你看看这车的维修质量真是不行啊,同一个地方老是修不好!上回坏的地方现在又坏了。"小王该如何对待客户的抱怨呢？

由于汽车维修服务顾问人员较多，服务时间也是很难确定的，使得汽车服务的各个环节都可能发生服务失误。如果服务人员没能正确地认识客户的抱怨客户和投诉，就不能很好地处理。因此小王若要很好地处理张先生的抱怨，首先要有正确对待客户抱怨和投诉的态度，其次只有了解了客户抱怨和投诉的原因，才能正确地对待客户的抱怨。

现在的消费者，到企业购买的并不只是产品的本身，还有更多层次的需求。因此，企业一定要特别重视关键时刻的服务。即便如此，"智者千虑，必有一失"，服务的过程中面对形形色色的人和各种不同的情况，仍然不可避免地会出现意想不到的纰漏，导致顾客抱怨、苛责，甚至更严重的投诉。所以一定要在关键的时刻把握好，否则就可能造成前功尽弃。

（一）客户抱怨

1. 客户抱怨定义

所谓客户抱怨是指客户在购买产品后，对产品或服务的不满而诉说产品或服务提供者的过错。

客户的抱怨是客户在购买商品时，客户是抱着对于产品和企业服务的良好愿望而去的，如果这些愿望得不到满足的时候便会失去心理平衡，从而产生怨怼。另一方面也意味着客户仍旧对该企业有一定的期待，希望能改善产品或者服务。

2. 客户抱怨的特点

客户抱怨往往具有以下六个特点，但并不是说每一个抱怨都同时具备这六个特点，而是具有其中某一个特点或是某几个特点的组合。

（1）客户对产品或服务不满意并不一定提出抱怨。客户的个性与社交意愿各不相同，客户的期待与忠诚度也各不相同，并非所有的客户在感到不满意的情况下都会提出抱怨。例如客户对A品牌的产品或服务不满意，于是认为A品牌不行，并不提出抱怨也不再接收A品牌的产品和服务，以后直接更换品牌。

（2）客户抱怨有时并不直接涉及不满意的产品或服务的原因。客户在接受服务时，满意或者不满意是一种心理状态，主观随意性很大。客户的投诉行为是极不满意的心理状态下形成的一种行为，很多情况下，这是主观意志的产物，有时并不直接涉及不满意的产品或者服务。例如有时客户通过了解认为他购买时的价位较高，或者对自己的冲动选择后悔了，这种心理就会放大他某些不满意的地方，通过抱怨产品质量、服务质量来达到获得优惠或退货的目的。

（3）多数客户可通过对其抱怨的解释或解决选择继续信任产品和服务。在实际工作的过程中，客户产生抱怨是不可避免的情况。服务人员需要及时发现失误，想方设法地更正问题，使客户能够得到保留，从而选择继续信任产品和服务。

(4) 客户抱怨往往与其已经得到承诺或利益相关。客户的抱怨是与他对产品或服务的期望有关的，是与他得到的承诺或者以往获得的利益有关的。例如客户现在这一辆车的质量不如他上一辆车，他就会产生抱怨；购车时得到的承诺没有兑现，他就会产生抱怨；A 品牌的服务不如 B 品牌，他就会产生抱怨。

(5) 与客户经常沟通可减少抱怨。当企业服务由于种种原因而出现失误时，抱怨就开始潜伏。这时如果服务人员能够与客户经常的沟通，就能及时发现问题，抱怨因子就能及时地解决。如交车期因故延长、报价由于项目的变更而产生变化等。

(6) 客户抱怨久拖不处理可能会引起严重的后果。如果客户的抱怨没有得到及时的处理，僵局阶段双方也没有达成合理的解决办法，客户就可能会进一步地采取公开的行动，来维护自己的权益，如向法律机关提起诉讼、媒体曝光等。

企业如果不能正确处理客户投诉，对企业带来的损失是难以估量的。比如说，2001 年，日本某汽车公司发生了一起投诉案：某人开该公司生产的越野车，因为故障导致车祸，几乎成为植物人。该公司对此事件的态度是很消极的，要求把车运回日本检测，不承认中国企业对于车的鉴定。这件事情拖了很长时间，各大媒体纷纷报道。但是该公司还是不愿承认、无可奉告。最终该公司召回了所有的该型号汽车，并且对企业信誉带来了很大的影响。

（二）客户投诉

1. 客户投诉定义

客户投诉是指客户在购买产品后，对产品或服务的不满而提出的书面或者口头上的异议、抗议、索赔和要求解决问题等行为。

投诉一般会产生两种结果：一种结果是企业为客户解决了问题，客户可能会再次购买该企业的产品；另一种情况是如果问题没有得到解决，可能会造成客户流失。因此，如何利用处理客户投诉的时机而赢得客户的信任，把投诉客户转化成忠诚客户已经成为企业生存和发展的一个重要命题。

2. 客户投诉与抱怨的区别

客户抱怨和投诉的主要区别是：抱怨是客户对于企业产品或者是服务的不满发泄，并不一定需要处理结果，而投诉是要求企业给客户一个说法，因此在处理客户投诉时，企业必须有处理结果。

客户在投诉之前，肯定已经对企业的产品和服务有了潜在的抱怨。这些潜在的抱怨随着时间的推移、问题的加重成为显性抱怨。显性抱怨如果没有得到有效的处理，就有可能转化成投诉。比如说，客户去汽车售后保养汽车，说好了三点交车的，到了三点半客户向售后维修服务人员催促说："说好三点交车的，你看看现在几点了？"现在他可能还没有想到投诉。但是连续催了 2 次，到了五点还是没有交车。这时的隐性抱怨就成了显性抱怨，显性抱怨变成了潜在投诉，最终变为投诉。

3. 客户投诉类型

（1）按企业根据客户投诉反映的渠道，可以分为一般投诉和严重投诉两类。

① 一般投诉可以分为四种方式。第一种是面对面的投诉。这种方式是最简单和最常见的一种投诉方式，客户直接向接待他们的人诉说他们的不满。第二种方式是向企业领导投诉。对于在服务过程中产生的问题，客户直接向高层投诉，是为了能够尽快解决问题。第三种方式是向汽车俱乐部投诉，以期待通过组织来解决。第四种方式是向厂家投诉。在前面几种方式都无用的情况下，客户会通过有关渠道向厂家投诉，希望尽快彻底解决问题。

② 严重投诉也可以分为四种方式。第一种是向行业的主管部门投诉，以期待公正合理的解决。第二种是向消费者协会投诉。第三种是向电视、媒体、互联网来进行投诉，希望通过这种方式引起更多社会上的人的关注，从而给企业施压。第四种是通过法律途径来解决。

（2）按客户投诉的真实性，可以分为真实的投诉和恶意投诉。真实投诉是有事实依据的，而恶意投诉是为了敲诈钱财或者为了抹黑企业。

（3）按客户投诉的原因，可以分为五种情况。

① 企业服务人员的态度。企业服务人员的态度是客户能够真切感知的。客户可以通过在接车、等待、交车这几个关键的环节的现场表现来判断企业所提供服务的档次和价值。在整个复杂的服务过程中只要在一个环节出现沟通不良或者服务态度不良的，都会导致客户投诉，从而严重影响到企业和客户之间的关系。比如说服务人员在接待的过程中对客户的询问不理会或者回答的口气不耐烦；店内的卫生环境太差；结算出现错误等都是造成客户不满的原因。

② 维修质量有问题。维修质量是企业维修服务中最核心的部分，是企业树立服务和品牌最关键的一点。对于客户来说，企业有了质量他们的消费才算是有了保证。汽车维修服务的对象是汽车，而汽车的科技含量又很高，需要专门的技术人员提供服务。由于维修技术不到位而导致故障不能够一次性排除，甚至是多次都不能得到解决的，都会造成客户不满。

③ 配件质量有问题。好的配件质量是客户塑造满意度的重要因素之一，因为配件质量本身存在的缺陷，而使得客户产生不满情绪，导致客户投诉。

④ 拖延维修时间，未能及时将车修好。汽车售后服务是一种长时间、多人员、多项目的服务。汽车维修服务时间也是很难确定的。比如说，很多客户并没有提前预约维修保养的习惯，导致企业在某段时间的维修车辆很多。这就造成了拖延汽车维修时间，从而导致客户投诉。

⑤ 收费不透明。由于客户对市场行情不甚了解，服务价格高于客户原来的预期，而且客户希望自己的钱花得清清楚楚，所以就要求汽车维修企业能够做到

常换配件价格公开、收费明细公开，同时也希望服务人员不要推荐不必要的服务项目。

（4）按客户投诉的心理，可以分为五种情况。

① 客户觉得不被尊重。比如说，客户觉得维修的价格很贵，但是服务人员说："我们这里就是这个价！"客户的感觉会怎样？

② 客户觉得收到了不平等的待遇。比如说，服务人员对某位穿着好的客户热情交流，但是对自己不闻不问。客户的感觉会怎样？

③ 客户觉得服务态度有问题。

④ 客户觉得有被欺骗的感觉。比如说，前段时间汽车售后为了回馈老顾客只要扫下条形码就能打八折，但是在结算时，服务人员忘记通知客户，事后客户知道了这次活动，客户的感觉会怎样？

⑤ 客户觉得心里不平衡。

4. 客户投诉的价值

根据美国学者的调查研究，一位不满的客户会把他的抱怨转述给8～10个人听；如果企业当场能为客户解决，95%的顾客以后还会再来店消费，但会有5%的客户流失；如果拖到事后再解决处理，会有70%的客户再来店消费，但客户流失率增加到了30%。换个角度来讲，一个投诉就意味着一个再销售的商机，因此必须圆满解决每一例客户投诉。由此可见，重视顾客多方面的需求，有效地预防、及时地处理客户抱怨事件，对企业的经营事关重大，也是每一个服务人员义不容辞的责任。下面具体描述投诉对于企业有何好处。

（1）投诉能体现客户的忠诚度　客户之所以投诉，很重要的一点是需要问题得到解决，此外客户还希望得到企业的关注和重视。有时客户不投诉，是因为他不相信问题可以得到解决或者他的投入和产出不成正比例，而投诉的客户往往是忠诚度很高的客户。

那些肯向企业提出中肯意见的人，都是对企业依然寄有期望的人，他期望企业的服务能够得到改善，同时还会无偿地向你提供更多的信息。因此，投诉的客户对于企业而言是非常重要的。有效地处理客户投诉，就能有效地为企业赢得较高的客户忠诚度。

（2）投诉对企业的好处

① 有效地维护自身形象。企业需要客户的投诉，客户投诉的意义就在于有效地处理客户投诉，把投诉所带来的不良影响降到最低点，从而维护企业自身的形象。

例如，你去某个酒店吃饭，有几个地方不满意：你觉得上菜速度太慢；你觉得菜太咸了；你觉得这个饭馆环境太差。那么，买单的时候，你会不会跟服务员说？一般不会。下一次还会来吗？也不会——这是多数客户的心态。而有些人提出来了，说你这个菜炒得太咸了，环境太差了。服务员给你解释："可能您的口味比较淡，我下次给您推荐一些口味比较清淡的菜给您吃。环境以后也会改变，很快要进行装修。谢谢您提出的宝贵意见。"这个人可能还会来吃饭。他的问题解决了吗？没有得到解决。但是他为什么会回来呢？因为他受到了重视。

② 挽回客户对企业的信任。也许企业的产品有问题，会有投诉，但如果有很好的处理方法，最终会挽回客户对企业的信任。

海尔集团曾推出一款"小小神童"洗衣机，推出时，它的设计存在一些问题，返修率很高。海尔调集了大量的员工，承诺客户"接到投诉电话后，24h 之内上门维修"，很多客户的洗衣机都是经过海尔连续三四次甚至五次上门维修才解决问题的，如此高的返修率，客户是否非常不满呢？很多客户反映说"任何新的产品都会存在这样或那样的问题，但对海尔的服务，我们是满意的"。因为他们看到了一家企业对客户的尊重和重视。

海尔正是重视客户的投诉，才使得消费者保持了对海尔品牌的信任，这也是海尔在今天能成为一家国际性大企业的重要原因之一。

③ 及时发现问题并留住客户。有一些客户投诉，实际上并不是抱怨产品或服务的缺点，而只是向你讲述对产品和服务的一种期望或是他们真正需要的是一种什么样的产品，这样的投诉会给企业提供一个发展的机遇。

5. 抱怨投诉管理

(1) 企业为了能够方便客户投诉，可以为客户提供便利条件，企业应该做到以下几项。①制定产品和服务的标准。企业制定明确的产品和服务标准可以使客户很清晰明了地知道自己购买的产品和接受的服务是否符合规范。如若不符合规范，是否能够投诉，投诉后有哪些补偿标准。比如说，假一罚十的规定等。②为客户指导投诉途径。企业可以在有关展板上详细说明客户的投诉办法。包括客户投诉的对象、步骤和流程。鼓励顾客向单位提出意见和建议等。比如说，意见簿。③为客户投诉提供方便。企业应该尽可能地减少客户投诉的成本，减少他们花在投诉上的时间和精力，使得客户的投诉更加的方便和便捷。比如说投诉电话、投诉邮箱和面对面投诉等。

(2) 企业为全面解决客户投诉应建立相应的处理机制。①制定处理投诉的指导方针：达到客户公平和满意。②制定有效的反应机制。授权给下级员工处理这些投诉的权利，包括对客户进行补偿等。③制定服务人员的聘用标准和培训完成标准。只有提高员工的素质，才能更加完善地处理客户抱怨和投诉。④建立客户和产品数据库。通过建立客户和产品的数据库，可以更加准确有效地分析客户投诉的类型和理由，并且相应地调整公司的政策。

如果你是维修服务顾问小王，请你说一说你是如何看待客户的抱怨和投诉的。并且分析一下任务描述中的客户投诉的原因，并设计相关话术回答。

二、客户抱怨和投诉处理

客户张先生上午十点到店对汽车进行保养，等了很长时间发现比他后到的人的汽车先进去进行了保养，对此他找到服务人员说："明明是我先到的，为什么给他先做保养啊。先来后到知不知道啊？"另外一个客户看见张先生在向维修服务顾问小王抱怨也拿到对账单上前说："就给我换了个轮胎就收费这么高啊？你们这里也太黑了吧。"作为维修服务顾问的小王，遇到这些抱怨该如何处理呢？

维修服务顾问小王在处理张先生的抱怨过程中，首先应正确分析客户产生抱怨的原因，再根据相应的处理流程和技巧，妥善处理客户的抱怨。

（一）客户抱怨和投诉的特点

1. 客户抱怨的特点

根据客户出现抱怨时的状态可以分为：

(1) 情绪反应激烈，一般用质问的语气。

(2) 通常配合不满的表情和肢体语言。

(3) 对企业持有怀疑的态度。

2. 客户投诉的特点

(1) 客户要求企业赔偿高额的费用，或者采用退车和威胁等方式。

(2) 与汽车安全性有关的。比如说汽车刹车故障、人身伤亡事件等。

(3) 向第三方求助。比如说向媒体曝光、向法院起诉等。

（二）客户抱怨和投诉的处理原则

1. 处理客户抱怨的原则

企业对于客户的抱怨处理的好坏，直接影响着企业的服务能力，所以在抱怨处理过程中，要把握以下原则。

(1) 先处理心情，后处理事情。客户在遇到问题时，心中总是憋着一团火，想要向服务人员发泄。在这个时候服务人员若马上处理问题，很有可能并不利于事情的解决。所以在处理客户抱怨的时候先要安抚客户愤怒的情绪，理解客户感受的同时在情感上多加以沟通，多表示同情和理解，以创造好的氛围。待客户情绪稳定后，再提出解决问题的方案。比如说，美国的一家汽修厂，他们有一条服务宗旨："先修理人，再修理车"。用我们能理解的话来阐述就是"先处理心情，后处理事情。"客户："让我等了这么久都没人来接车！"

客户心情：顾客很不愉快，认为来这里维修汽车就是浪费时间。

应对办法：给您增添了这么多麻烦真是对不起了。最近由于客户们的用车意识都有所提高，来店里保养的汽车数量大幅度增加。我们一定会尽力地做好服务工作。

(2) 耐心倾听。让客户把话说完，既要听事实，还要听情感。只有认真听取客户的抱怨，才能发现真实的原因。同时，一般的客户在抱怨时，很多是属于发泄性的，情绪都不稳定。一旦发生争论，只会火上浇油，适得其反。

（3）真诚地表示歉意和谢意。客户在投诉时，带有很浓的感情色彩，具有发泄性。不要为自己服务的失误进行辩解。很多时候失误是难免的，所以要想办法平息客户的怒气。比如说："您的心情我们非常理解""我们知道你很着急"等。

感谢客户是很有效的一步，这一步是维护客户的一个重要的手段和技巧。服务人员需要说四句话来表达四种不同的意思。

第一句话：感谢客户对于企业的信任和回顾。

第二句话：再次为客户带来的不便表示歉意。

第三句话：向客户表示谢意，让我们发现了工作中的不足。

第四句话：向客户表决心让客户知道我们会努力改进工作。

（4）快速行动。如果发生抱怨问题，应紧急受理，慢慢处理。紧急受理是指在发生问题时，服务人员应在第一时间接受客户的抱怨，重视客户的意见和情感。慢慢处理并不是指时间上的故意拖延，而是指细致的处理，随时倾听客户的需求。比如说，只要客户抱怨就说："不好意思、对不起。"肯定是没错的，但是如果是一直停留在这些话语中，而没有实质性的行动，客户也绝对不会罢休。因为客户并不是只是为了听服务人员的抱歉，而是希望能够快速地解决他们的问题。所以说只是真诚地表示歉意是不够的，还需要快速行动起来，提供改进措施。

2. 处理客户投诉的原则

（1）按客户抱怨的处理原则处理。为了简单地处理客户投诉，需要学会大事化小，小事化了。所以说，首先要按客户抱怨的处理原则来处理客户投诉。应该把客户投诉控制在一定范围内来解决，这样不管对客户、企业还是汽车厂商来说都是最好的。

（2）平息怒气，控制事态原则。把客户投诉控制在服务人员可控的范围内，不要让事态进一步扩大。在客户盛怒的情况下，需要多安抚客户，采取低姿态，承认错误，平息怒气。

（3）适当补偿原则。当客户没有享受到他们的付费服务，以及由于服务失误造成巨大的不便或者损失大量的时间和金钱时，企业可以提供经济补偿或者是等价的服务作为补偿，这样可以减少客户流失或者进一步恶化的风险。企业应该给服务人员权利，授权他们可以进行在一定范围内的赔偿决定。服务人员可以采取灵活的手段对客户进行补偿决定，支配补救的资金费用。

（三）客户抱怨和投诉的处理流程（图2-2）

（四）客户抱怨和投诉的处理技巧

在发生客户抱怨和投诉时，适当地运用一些技巧，对于问题的解决是十分必

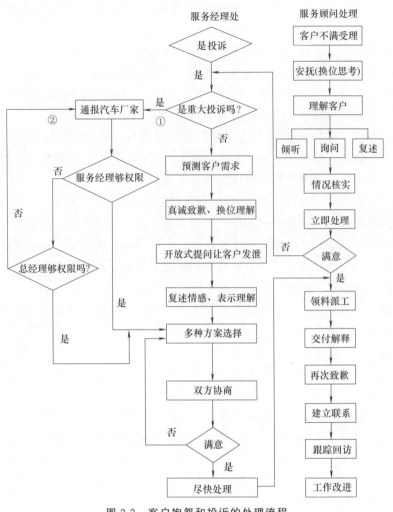

图 2-2 客户抱怨和投诉的处理流程

要的。

1. 客户接待环节技巧

在接待客户时，服务人员应该做好一系列的准备工作来满足客户的要求。

(1) 客户对于展厅环境的要求：用户接待区、休息区、维修区等。

(2) 客户想要了解的信息有：维修流程、维修价格、技术人员等。

(3) 客户的情感需求有：被尊重、被理解和关注、被赞美等。

2. 倾听环节的技巧

国外有句谚语叫做："用十分钟的时间去听，用十秒钟的时间去说。"所以说服务人员在工作中一定要用心倾听、善于倾听、有效倾听。

(1) 主动积极的倾听。在倾听的过程中，服务人员需要保持较高的心理警觉性，随时注意对方说话的重点，就像飞碟选手打飞碟一样，要能站在对方的立场，仔细地倾听。服务人员要努力理解客户所说的内容，需要用心和脑站在对方的利益上去听，去理解客户，这才是一种主动倾听客户的状态。

(2) 恭听。在倾听客户的过程中，服务人员不能有心不在焉的举动与表现。服务人员可以通过一些肢体语言让客户知道你在认真地倾听他们的抱怨和投诉。比如说，在倾听过程中点头或者微笑就可以表示赞同正在说的内容，表明你与说话人意见相合。偶尔说"是""我了解"或"是这样吗?"告诉说话的人你在听，你还是有兴趣的。切忌漫不经心，显示出不耐烦的样子，急不可耐地想打断对方的话，左顾右盼，不住地伸懒腰或者看手表等。

(3) 观察客户的肢体语言，注意非语言性的暗示。客户通过语言来表达的内容可能并不是他们真正的需求，但是肢体语言就有可能泄露他们的真实想法。当我们在和人谈话的时候，即使我们还没开口，我们内心的感觉，就已经透过肢体语言清清楚楚地表现出来了。听话者如果态度封闭或冷淡，说话者很自然地就会特别在意自己的一举一动，比较不愿意敞开心胸。

从另一方面来说，如果听话的人态度开放、很感兴趣，那就表示他愿意接纳对方，很想了解对方的想法，说话的人就会受到鼓舞。而这些肢体语言包括：自然的微笑，不要交叉双臂，手不要放在脸上，身体稍微前倾，常常看对方的眼睛，点头。注意弦外之音，注意没有说出来的话、没有讨论的信息或观念及答复不完全的问题。

(4) 鼓励客户多说，不要打断客户的说话。如果客户在发生抱怨的时候，在做好倾听的同时，对出现精辟的见解、有意义的陈述，或有价值的信息，要以诚心地赞美来夸奖说话的人。例如："是的，你的意见很好，我会向我的上级反映！"或"这个想法真好！""您的意见很有见地"等，因此，良好的回应就可以激发很多有用而且有意义的谈话。

服务人员应该在确定知道客户完整的意见后再做出反应，客户停下来并不表示他们已经说完想说的话。让人把话说完整并且不插话，这表明你很看重沟通的内容。人们总是把打断别人说话解释为对自己思想的尊重，但这却是对对方的不尊重。

虽然说打断别人的话是一种不礼貌的行为，但是如果是"乒乓效应"则是例外。所谓的"乒乓效应"是指听人说话的一方要适时地提出许多切中要点的问题或发表一些意见感想，来响应对方的说法。还有一旦听漏了一些地方，或者是不懂的时候，要在对方的话暂时告一段落时，迅速地提出疑问之处。

美国著名的主持人林克莱特在一期节目上访问了一位小朋友，问他："你长大了想当什么呀？"小朋友天真地回答："我要当飞机驾驶员！"林克莱特接着说："如果有一天你的飞机飞到太平洋上空时，飞机所有的引擎都熄火了，你会怎么办?"小朋友想了想,说:"我先告诉飞机上所有的人绑好安全带,然后我系上降落伞,先跳下去。"当现场的观众笑得东倒西歪时,林克莱特继续注视着孩子。没想到,接着孩子的两行热泪夺眶而出,于是林克莱特问他:"为什么要这么做?"他的回答透露出一个孩子真挚的想法:"我要去拿燃料,我还要回来!还要回来!"

主持人林克莱特他是与众不同的,他坚持让孩子把话说完,并且在现场的观众笑得东倒西歪时仍保持着倾听者应具备的一份亲切、一份平和、一份耐心。他鼓励小朋友多说,而且不去打断小朋友的话,从而探索到了小朋友的真实想法。

实例示范:

客户甲:"明明是我先到的,为什么给他先做保养啊。先来后到知不知道啊?"

事实是:先做保养的客户在昨天已经打电话来店预约过时间。

情感是:等了这么久终于轮到我了,又来了个客户不用排队就直接进去保养了,真是不公平!

客户乙:"就给我换了个轮胎就收费这么高啊?你们这里也太黑了吧。"

事实是:换个轮胎看上去很简单的项目,但是还需要用到仪器做四轮定位等内容。

情感是:就换了个轮胎,这么简单的事情就收费这么高,到这里维修真心贵。

客户丙:"你们怎么又在弄我的发动机啊,不是才修过么?"

事实是:这次是对汽车做简单的保养,测量一下发动机里面的机油。

情感是:上回修过我的发动机是不是没修好啊,怎么又在折腾我的发动机了,肯定又要添加费用,就是欺负我不懂。

3. 提问环节的技巧

提问是需要技巧的,在销售中更是如此。问话问的巧,不但可以占尽优势,同时也可以更顺畅地达到自己想要的结果。在一般情况下提问主要划分为封闭式问题和开放式问题两大类。

(1) 封闭式问题是指特定的领域带出特定答复的问句,一般用"是"或"否"作为回答的要求。比如说:"您的车子一直是在我们点进行维修保养的吗?""您以前都是使用的这个牌子的机油吗?"

封闭式问句的优点是:可以使发问者得到特定的资料或信息,而答复这类问题也不必花多少工夫去思考;缺点是词类问句含有相当程度的威胁性,往往会引起客户不舒服的感觉。所以在语言的运用上不宜过于尖锐,多用中性词语。

(2) 开放式问题是指在广泛的领域内带出广泛答复的问句,通常无法采用"是"或"否"等简单的措辞做出答复。比如说:"您觉得我们服务有哪些不到位的地方?""请您将车子的问题跟我们描述下。"

开放式提问的优点是：这类问句因为不限定答复的范围，所以能使对方畅所欲言，发问者可以获得更多的信息。缺点是：在使用过程中，需要很强的技巧性。开放式问题问得太多的话，客户的回答没有目的性，服务人员很难收集到有用的信息。

4. 复述环节的技巧

通过复述客户的问题或者是需求，一方面表示了尊重，认同了客户的情感，深度拉近和融洽了与客户之间的关系；另一方面也同时表明听清楚了客户提出的问题，并能够使客户有时间加以补充。

5. 探寻解决方案

通过和客户的沟通，我们探索到了客户真正的需求。在确认问题后，服务人员首先要表示歉意，缓解客户的对立情绪，不要急于针对客户的抱怨和投诉提出解决方案。服务人员在提出解决方案时要注意适当的铺垫，以便容易使客户接受。

对于解决方案的提出，需要对解决方案留有余地。一次性的慷慨很可能会造成客户的贪欲。所以需要引导客户的期望值。要引导客户接受现实，尽可能地满足用户的重要期望。

实例示范：

客户："你们这里的维修费用实在是太高了，我一直在店里进行保养，怎么一点优惠都没有呢?"

事实是：在维修过程中增加了维修项目，同时也征求了客户的同意。

情感是：说好的价格，维修下来怎么就贵了啊，欺诈啊。

服务人员：费用高？你指的是哪一方面的费用？

客户："在进店维修前我就询问过大概的价格，怎么高出了整整一千?"

服务人员：真是太对不起了，由于我的失误，没跟你解释清楚让你误会了。是这样的，在维修期间，我和你专门沟通过增加了一个维修项目，但是没把费用和你说清楚，真是对不住了。为了表示我的歉意，请收下我们公司的一个小礼物。

6. 达成一致

服务人员在提供解决方案后一定要征得客户的同意，取得客户对于方案的肯定和赞许。

7. 保持关系

在事后的一段时间内，需要对客户进行回访，提供完善的后续服务。

(五) 服务人员处理抱怨和投诉的观念和服务意识

汽车企业遇到的客户投诉多种多样，所以服务人员在处理客户投诉时，肯定有很多方面的压力,这些压力往往来源于客户、企业、自身的工作能力等。但是成功的服务人员就需要有很强的抗压能力、心理调节能力。所以说,处理客户抱怨和投诉,首先要先处理好自己的情绪。

1. 情绪的自我调节能力

作为服务人员,好的情绪管理能力是面对这么多抱怨和投诉的第一法宝。大多数服务人员每天都要接待很多客户,可能因为一个客户把他对企业的不满向你发泄出来,导致你的心情不好,情绪低落。而在这个时候你把上个客户给你带来的负面情绪转移给下个客户,就会造成很多客户的不满。因此,优秀的服务人员应把投诉看作是日常生活中的一项工作,不能有畏惧心理,更加不能把负面情绪转移,需要保持冷静的头脑,沉着的心态,良好的心理素质。

2. 真诚对待每一个客户

日本在聘用服务人员时,就专门聘用一些有博爱之心的人。在对待每一个客户时,都需要提供最好的服务,不能带有保留。只有这样才能体现出公司的良好服务。

3. 沉着冷静的应变能力

作为服务人员,每天都会接触各种各样的客户,很多客户会给你带来很多挑战。但是沉着冷静的应变能力是解决这些挑战的关键所在。比如说,有些客户蛮不讲理,不到两句话就开始动手打服务人员,有些服务人员没见过这样的客户,可能就会吓哭。从来没见过这么不讲理的客户,打电话报警吧。而一些沉着冷静的非常有经验的服务人员就能稳妥地处理这件事情。这就需要具备沉着冷静的应变能力。特别是处理一些恶性投诉时,更要处变不惊。

4. 提升自己的能力

服务人员在工作中也需要不断地提升自身的能力,比如说,需要有良好的语言表达能力,丰富的行业知识及经验,熟练的专业技能,优雅的形体语言表达技巧,思维敏捷、具备对客户心理活动的洞察能力,具备良好的人际关系沟通能力,具备专业的客户服务电话接听技巧,良好的沟通能力等。

(六)为客户提供解决方案时的注意事项

(1) 给出多种解决途径,供客户选择。企业在解决问题的时候可以给客户提供多种解决问题的方法和途径,只有这样才会使客户得到更多的认可和配合。同时,让客户选择合适的方案,会使客户感觉自己受到了尊重。

(2) 承诺的事情,一定要按时完成。在处理客户抱怨和投诉的过程中,会有很多复杂和特殊的情况出现。若是这些情况能够及时地为客户解决当然是最好的,但是如果不能够确定能把事情最好,就不该给客户做出任何承诺。服务人员一方面应该诚实地告知客户企业在解决问题时遇到的一些情况,请求客户的谅解。另一方面企业也会尽快地为客户寻找解决问题的办法。然后和客户约定向他们汇报事情进展的时间。服务人员一定要确保准时给客户汇报，即使不能够一次性地帮助客户解决，也应该准时回复，表明企业在认真对待客户的抱怨和投诉。这样的处理方法和服务人员向客户承诺做不到的事情相比，更加容易受到客户的尊重。

(3) 问题追责制度。在处理客户抱怨和投诉时，企业也可以为了弥补失误，提供给客户一些额外的补偿。但在处理完事情之后，一定要进行问题追责，分析下"为什么会出现这种问题？"。为了避免下回发生类似的事情，该如何改进？如果是内部流程缺陷，要及时通过企业内部的反馈系统进行反映，以便使企业尽快地弥补这样的缺陷。

(七) 客户抱怨和投诉的案例分析

面对客户的投诉，服务人员需要以最快的速度化解客户的不满和抱怨，并且真诚地为客户解决问题，积极地采取补救措施，最大限度地避免客户流失。所以通过对抱怨和投诉的经典案例分析，要提高应变处理问题的能力，并借机把这些客户转化为忠诚的客户。

实例示范：

【案例一】连配件都没有，还是什么4S店？怎么这样的配件都没有备呢？

案例分析：

(1) 事实是：客户在进店前没有及时的预约，而且这个配件不属常用件，所以一般是采用紧急订货的方式。

(2) 情感是：这么大一个店，连配件都不齐全，还要我等那么长时间！

(3) 客户希望服务人员：希望快点把汽车修好，并且希望服务人员给他道歉。

(4) 服务人员提出的解决方案：首先应听完整客户的抱怨，然后复述客户的抱怨内容，确认问题。服务人员应就这件事表示最大的歉意，根据客户的要求迅速去向维修人员询问修理完成时间。即使也许暂时解决不了问题，但是在道歉后立即行动，让客户觉得自己的意见被受理了，并且得到了回应。最后修理完成后再次表示歉意，并告知客户下次如果需要维修和保养汽车可以提前打电话预约。这样可以减少客户等待时间。

【案例二】保养就是换换机油、机滤，费用为何这样高呢？你们的车保养费用太高了，比修理厂高多了！

案例分析：

(1) 事实是：4S店为用户车辆保养提供专业的技术人员、配套的设备、原厂备件，是优质安全的保证；费用也是在厂家指导下制定的，更换机油、机滤只是保养的一部分，还要按照企业要求还为您提供其他检测项目。

(2) 情感是：在保养前也不给我报价，收费这么高，以后就不来了。

（3）客户希望服务人员：在汽车保养前预先给客户报价，告知保养需要的时间和收费标准。

（4）服务人员提出的解决方案：在察觉到客户不满后，应立即道歉，并且立即接待客户。向客户介绍关于保养的时间和收费问题，尽量使客户理解。保证下次来店一定不会出现类似的情况。为了表示歉意，服务人员可以送客户一些小礼品等。

【案例三】客户买了新车行驶了 2 个月，有次偶然发现汽车制动有问题，踩两三次刹车才把汽车停下来。最近又出现了这种现象，而且还造成了汽车追尾，驾驶员受轻伤。客户到 4S 店进行投诉。

案例分析：

（1）事实是：事实需要进一步的检查和鉴定。

（2）情感是：客户非常的愤怒，买了一辆有质量问题的汽车，给他造成了很多的伤害。

（3）客户希望服务人员：找出事故原因，制动器已经发生了 2 次故障了，为什么会出现这种问题，也一定要获得赔偿的。

（4）服务人员提出的解决方案：客户的态度很强硬，应该对其情绪进行安抚。帮助其找到真正的事故原因是解决问题的关键。处理这种涉及安全的事故，应向服务经理立即汇报此事，这样可以使客户觉得被尊重，也避免了令客户产生推诿或者是拖延的感觉。同时应第一时间帮助客户找到真正肇事的原因，并且向客户承诺，若真的是汽车质量问题，我们肯定会按照规定进行处理。并且提出解决方案，最终与客户达成一致。

第三章

汽车维修业务接待流程

第一节　客户招揽与预约
第二节　汽车维修前台接待
第三节　接车问诊与制单
第四节　车辆维修与质检
第五节　交车结算
第六节　跟踪回访

第一节 客户招揽与预约

随着我国汽车产业的迅猛发展,汽车业已经进入"拼服务"的时代。汽车维修服务流程的质量日益成为各汽车企业关注的重点。因此,必须对汽车服务顾问的素质进行规范和提升。

一、客户招揽

在汽车维修接待流程中,维修业务接待人员要了解客户招揽的目的、方法和工作流程,对招揽中流失客户的调查分析,能定期整理客户分类,并对流失客户资源进行统计分析。掌握流失客户邀约方法及邀约话术,根据客户流失性质制定招揽方案。

(一)客户招揽目的及方法

1. 客户招揽目的

(1)通过主动进行客户招揽,保证车辆持续进站,增加产值。

(2)客户资源优化整合,识别优质客户,做好客户管理。

(3)提高汽车品牌和特约店的知名度。

2. 客户招揽方法

(1)广告宣传。如:电视、电台、报刊以及户外广告;传单、网络和巡演宣传等。

(2)直接联络。如:邀请函(E-mail)、电话、短信、上门服务等。

(3)其他服务活动。如:积分回报、会员制VIP服务等。

(二)客户招揽的工作流程

(1)查询相关信息,确认招揽对象,发现顾客潜在需求以确保招揽成功。

(2)通过电话、短信对客户进行提醒,告知目前活动或可提供预约服务,邀请客户进站。

(3)通过系统查询,对未进店的客户进行电话跟踪,落实未进站的原因,并强调按期保养的重要性。表3-1为服务站客户分类及标准。

表3-1 服务站客户分类及标准

客户分类	内容
保有客户招揽	定期保养招揽、定期活动招揽、客户关爱。估算下次保养的方法:末次到店日期+例行保养里程/[(最近进站行驶里程-上次保养行驶里程)/行驶天数]

续表

客户分类	内　容
流失客户招揽	自统计时间起,连续6个月没有服务记录的为准流失客户。客户关系部需针对此部分用户重点关注,避免用户流失。从客户反馈中分析内部管理缺失项,并有针对性地开展活动项目,尽最大程度挽回
招揽形式	电话邀约、短信、给予优惠补偿、寄送《邀请函》等

(三) 招揽中流失客户的调查分析及招揽

1. 定期整理客户分类,对流失客户资源进行统计分析

(1) 按客户的流失时间/性质进行分类分析(表3-2)。

表3-2　按客户的流失时间/性质进行分类分析

不来店时长	6~8月	8~12月	1~2年	2~3年	3年以上
客户性质	非流失客户	准流失客户	流失客户	趋向彻底流失客户	彻底流失
应对措施	提醒预约工时优惠;正常的保养提醒	定期跟进预约工时优惠;有优惠活动提醒车主;保养提醒	半轴、减震器等老车易损配件九折优惠;凭流失招揽短信来店工时七折(事故车除外);温馨提示续检车等业务	消费赠送养护项目 促进下次来店;预约来店工时六折优惠(除事故车)指定配件九折;邀约来店免费全车检测、添加防冻液、玻璃水;关怀为主	安排资深技师维修;维修工时有折扣、配件有优惠、消费赠礼品;邀约来店免费赠送全车检测或添加玻璃水、防冻液;关怀为主

(2) 进行流失客户招揽及跟进(表3-3)。

安排回访专员每天定量进行流失客户招揽,通过电话招揽对流失客户进行邀约。根据客户的回复进行流失原因分析,并进行工作总结。要求有相关工作表格记录邀约内容及跟进结果。

表3-3　进行流失客户招揽及跟进

流失招揽情况汇总		流失原因汇总(142)		
本月流失提醒数	200	内因	4S店价格贵	46
已经提醒后回厂数	46		服务店维修技术不好	19
其中:流失原因分析样本(142)			维修等待时间太长	14
提醒后有意向还未来的	115		服务态度差	5
明确表示不来店的	23	外因	离4S店比较远不方便	11
车辆转卖	4		车不怎么开/里程少	9
其中:无效数据(12)			朋友开维修厂	8
电话错误	5		车辆转卖	4
无缘故挂电话	7		其他(外地车/没时间来店)	26

注: 1. 内因:客户认为服务店配件及工时费贵,维修技术差,维修时间长等。
　　2. 外因:距离远不方便来店,有熟人开维修厂,车辆转卖,客户认为里程较少不用来店等。

从上述应对的不同客户现状和表内的数据可以看出，内因是客户不愿来站的主要原因。

2. 流失客户邀约方法及邀约话术

注：应在流失调查的基础上，就主要流失原因和服务部一起制定并确认相应的招揽政策；如流失主要原因变化，相应的招揽政策及应对话术也应及时调整；如主要原因为内因的，应先执行内部改善，执行完成后，再进行相应的流失招揽。

（1）根据客户流失性质制订的招揽方案　根据流失客户的不来店时间，流失客户可分为 3 类：准流失客户、流失客户和彻底流失客户。

① 准流失客户：6~12 个月不来店的客户。

此类客户不来店主要原因为：车辆里程较少、没时间、人在外地回不来等外在原因，并非真正意义上的流失客户；此类客户邀约后再次来店的可能性最大，工作人员按照保养提醒的方式进行招揽即可，强调定期保养的好处、预约的便利性和优惠性。

② 流失客户：1~2 年不来店的客户。

流失原因主要为：客户认为服务店价格贵、维修技术差、工作人员态度不好、等待时间过长、亲戚朋友是开维修厂的、车出了保质期/有小问题不用在服务店做、车辆已经转卖等。针对此类客户的流失原因服务店要做出相应的解释，进行分类招揽。并且可以通过店内活动对客户进行邀约，如购车三年以上的车辆半轴、减震器、刹车等部位磨损较大，服务店可以针对流失客户对这些用品进行优惠销售。或者群发流失客户短信，凭短信特定时间来店维修保养（事故车除外）六折优惠。举办金秋之旅、感恩活动等大型活动时对流失客户进行来店邀约。

③ 彻底流失客户：2 年以上不来店的客户。

对于此类客户，主要以关怀为主。通过生日祝福、节日问候（中秋及端午等节日送礼）、续保、检车、自驾游等服务与客户进行联系进行温馨提示，利用赠送全车检测，免费添加玻璃水、防冻液之类的服务，吸引客户来店消费。消费后可按金额赠送礼品或养护券。如消费满 500 元赠送毛绒玩具和玻璃水一瓶（价值 50 元）。消费满 1000 元赠送车用香水和空气滤芯（价值 150 元）。消费 1000 以上赠送基础保养（价值 200 元）。促进客户下次来店。

（2）根据流失原因制订的招揽方案（表3-4）

注：邀约免费赠送全车检测的客户来店后需要填写一份流失客户调查问卷。以问卷形式对客户进行流失原因的调查一定要注意引导客户填写真实的想法，另外，做好流失客户来店保养维修后的回访工作也是非常重要的。

表 3-4　根据流失原因制订的招揽方案

流失原因	应对话术思路
价格贵	与其他品牌工时配件价格作比较,体现本品牌优势 预约工时八折;凭特定群发短信,工时可六折,指定配件(半轴、减震器等老车易损件)可以九折
技术差	可预约安排资深技师进行检查维修,提高车间一次修复率 可备注客户信息:客户对维修质量不满意,下次安排资深技师检查维修
等待时间长	提前预约,保证预留工位
服务差	改善服务态度 可备注客户信息:客户对服务不满意,下次安排资深服务顾问接待
在维修厂做	着重体现服务店的技术专业性、正厂纯正配件 进行优惠活动邀约
车辆转卖	如果提供新车主正确联系方式可赠送价值 200 元装饰券 吸引客户来店、促进新车销售

二、客户预约

在汽车维修接待流程中,维修业务接待人员要了解接打电话的礼仪规范,掌握接打电话的注意事项,会处理特殊情况。了解预约的好处、方式和原则。做好预约准备流程,熟悉主动预约工作流程及要求。

在当今的信息社会,人际交往离不开通信,有必要掌握日常交往中关于通信的礼仪规范,从而能为我们的交往增色或加分。

而对于接待员来说,电话是与客户沟通的一个非常重要的途径。我们不仅要掌握电话使用的礼仪规范与技巧,还需要用这些技巧来进行处理各种各样的电话预约。以增加产值。

(一) 电话礼仪

1. 打电话的礼仪规范

(1) 打电话注意事项

① 避开吃饭与休息的时间 (早不于 8 点,晚不过 9 点)。

② 用普通话打电话,注意声音的控制,包括声调、语速以及表达的准确度。

③ 电话用语应文明、礼貌,态度应热情、谦和、诚恳,语调应平和、音量要适中。

④ 电话内容要简明、扼要。

(2) 打电话的步骤

① 拨打前充分准备。

——确认对方号码。

——考虑讲话内容。

——整理掌握信息、记下。

② 自报家门。"您好，××公司的××。"

③ 解释原因。"因为××项目需要与您谈谈。大约要用×分钟，您现在方便吗？"

④ 切入正题。简明、扼要。如果对方说自己很忙，你可以说："不好意思，打扰了，我改个时间再打，你觉得什么时间方便呢？"

⑤ 结束致谢。谢谢，再见。"感谢您在百忙之中接听我的电话，请您以后给予更多指数关照。"

2. 接电话的礼仪规范

(1) 接电话注意事项

① 要在电话铃响三声之内马上拿起话筒。

② 使用左手接听，右手方便做一些记录。

(2) 接电话的步骤（图3-1）

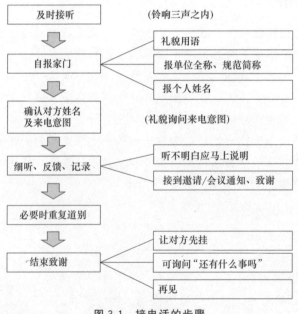

图3-1 接电话的步骤

(二) 预约

1. 预约——用户的核心期望

希望有预约服务，打电话来时有专人安排我的预约时间和维修项目并帮我落实，缩短我维修前的等待时间。

2. 预约的好处

(1) 给客户带来的益处

① 缩短客户等待时间。

② 获得更多的个别关照。
③ 可以有更多的咨询时间。
④ 得到质量更好的服务。

(2) 给我们的益处
① 使日常工作按照计划进行。
② 提高人员和设备的使用效率。
③ 保证零件供应及时。
④ 有效地提高满意度的分值。
⑤ 控制服务中心的成本。

3. 预约的方式、方法和原则

(1) 预约方法　电话、短信息、电子邮件、登门拜访、经销店现场预约。

(2) 预约原则
① 客户便利、愿意接受的方法。
② 提高工作效率、最终促成预约的方法。
③ 能够降低经营成本的方法。

(3) 预约方式　可以在销售或维修时询问客户，确认客户最方便的时间和最喜欢的方式，并在建立客户档案时将其作为首选。注意：事先询问客户何时与其联系比较方便，以免让客户感到唐突。避免上下班高峰期用电话联系客户。

4. 预约的准备（图 3-2）

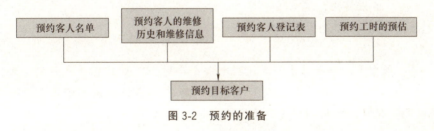

图 3-2　预约的准备

(1) 预约话术引导
① 开场问候，确认客户并自报家门。
② 征求客户同意。
③ 询问客户车辆使用情况。
④ 定期保养的重要性。
⑤ 保养到期提醒回厂。
⑥ 介绍预约的好处。
⑦ 确认预约意向及内容。
⑧ 预约注意事项。

⑨ 感谢客户。

实例示范：

SA：您好，请问您是苏A00001的车主"张"先生吗？

客户：是的，有什么事情？

SA：张先生，我是××店售后服务顾问×××，我是想为您做车辆的定期保养提醒和预约，大概耽搁您2到3分钟的时间，请问您现在是否方便接听电话呢？

客户：好的，你说。

SA：张先生，为了保证您的安全，我可以在您方便的时候再打给您。请问您现在有没有在开车？

客户：没有，你说。

SA：张先生非常感谢您，现在距您的爱车上次保养已经有三个月了，为了保持您的爱车始终处于最佳状态，保证车辆正常和安全的驾驶，我想和您确认一下，最近您是否有时间为您的爱车进行这次的定期保养呢？

客户：噢，我准备10月1日去吧！

A：张先生，好的，10月1日几点钟您方便和我确认一下吗？我可以为您安排双人工位的快速保养，就是由原来一名技师操作变成现在的两名技师共同操作，在保证维修保养质量不变的基础上极大地提高了工作效率，可以节约您宝贵的时间。

客户：10点钟吧。

SA：张先生，是10点钟吗？

客户：是的。

SA：张先生，您看您是否方便提前一个小时呢？如果您9点钟到，大概只需要一个小时就可以完成本次保养维修的项目，10点钟也是我们这里的一个进场高峰期，保养维修周期相对会比较长。

客户：好的，那就9点钟吧！

SA：张先生，再次和您确认一下全部的内容，您预订在10月1日上午9点钟进场，本次保养我们要为您的爱车更换机油和机油滤清器，费用总计为468元，时间需要1个小时，10点钟左右就可以完工，保养同时我们会对您的爱车进行全面细致的检查，发现任何项目我们会首先联系您，我会在9月30日和10月1日的8点钟和您再次联系确认的，好吗？

客户：好的。

SA：张先生，非常感谢您，您的预约信息我已经登记下来，10月1日期待您的光临，我是您的服务顾问×××，祝您事事顺心如意，10月1日见！

客户：再见。

SA：再见。

（2）预约后的确认和准备

① 预约后的准备，如图 3-3 所示。

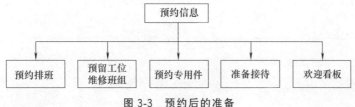

图 3-3　预约后的准备

② 预约后确认。

◆ 确认零件的准备。

◆ 预约准备确认。

◆ 客户预约确认。

③ 预约中的关键时刻。

◆ 在电话中直接叫出客户的名字。

◆ 准确说出客户车辆以往的维修历史。

◆ 提醒客户他们需要带的证件。

◆ 为客户安排他们方便的时间。

◆ 告诉预约的客户，为他们安排了专用工位及技师。

◆ 告诉客户预约能够享受到的优惠活动。

（三）受理预约

1．主动预约——工作流程（图 3-4）

2．预约——工作要素

（1）获取用户及车辆信息

① 电话铃响 3 声之前拿起电话，并面带微笑地说："您好！×××服务站"，礼貌问候用户。

——"请问有什么可以帮助您的吗？"

② 询问用户的姓名、联系电话、车型、车牌号，并记录在《预约记录表》中。

——"我马上给您做一个预约登记，请问怎么称呼您？"

③ 查阅用户档案，进一步确认用户信息，以保持档案记录的准确性、及时性。

④ 如果没有为该用户建立维修档案，（在放下电话后）应根据《预约记录表》在电脑系统中初步建立该用户档案，待用户回厂后建立详细的维修档案。

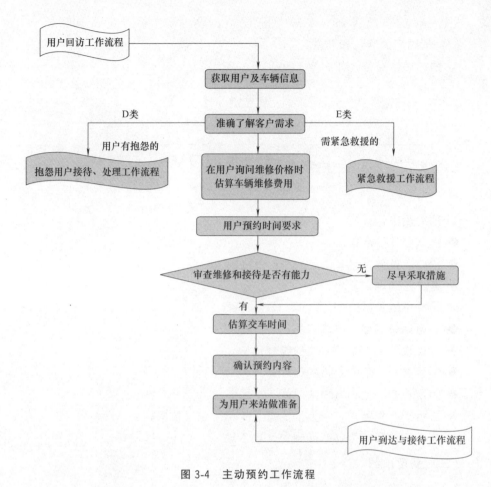

图 3-4 主动预约工作流程

(2) 准确了解用户的需求

① 仔细听取用户的想法和故障描述,用专业的提问方式了解问题的详细情况,确定用户需求。

A 类:保养(首次保养、定期保养)。

B 类:快修服务和较易判断故障原因的一般性维修。

C 类:较难判断故障原因的和维修时间较长的(如电器、电路故障,总成维修等)。

D 类:对车辆行驶和使用感觉不理想,或由于前次维修处理不当(包括用户不理解因素)需返修而产生抱怨的。

E 类:需紧急救援处理的。

② 将问题或维修的要求记录在《预约登记表》中。

对 A 类情况,将保养要求进行记录。

——"您的车辆需要做四万五千公里的保养,同时您还希望对车辆进行一下检查,还有其他要求吗?"

对 B 类情况,确定需要修理或更换的零部件。

对 C 类情况,使用《预检单》详细询问用户,以了解问题的本质(故障现象描述);如问题较复杂,提醒用户来站诊断或路试,并将车辆故障现象及时转告技术专家。

对 D 类情况,应立即向用户道歉(或利用对应的话术进行解释),并按《抱怨用户接待、处理工作流程》处理。

——"对不起,给您添麻烦了,您反映的问题,我已做了记录,希望您尽快到我站对车辆作进一步检查。"

对 E 类情况,参见《紧急救援工作流程》。

(3) 在用户询问维修价格时,估算车辆维修费用

① 对 A、B 类情况,按网点已公布出来的维修/保养价目表估算维修费用。

——"这次保养,需要对车辆的机油、机油滤清器以及汽油滤清器进行更换,同时,还要对车辆的相关零部件进行检查和调整。材料费是 259 元,维修工时费是 180 元,总共需要 439 元。王先生,这仅仅是个估算,等您来站后,我们对车辆做一个全面的检查,再给您详细的报价,您看可以吗?"

② 如果当时不容易进行估算的,告诉用户到服务站进行诊断后再予以定价。

③ 对在电话中不易回答(包括不便回答)或需经请示才能确定的问题,应委婉地请用户予以谅解,并告诉用户稍候会在最短时间内给予回复。

④ 在给出车辆维修费用估价时,必须使用户能够了解费用所包括的具体项目,并确保用户能够理解。

(4) 询问用户预约时间要求

① 询问用户打算何时来服务站进行服务。

② 如用户希望知道车辆维修所花的时间,可根据用户提供的明显故障信息,初步给出基本维修估算时间。

——"您的这次服务,我们除了按规定要求做车辆保养外,还将对车辆进行全面质量检查,同时还需对车辆进行清洗、清洁,至少需要一个半小时,您看这样安排可以吗?"

(5) 审查维修和接待能力

① 审查用户预约当天(用户希望的)服务站的维修能力,合理安排预约时间,以降低服务站的工作负荷。

② 审核用户预约的具体时间和服务站的接待能力,合理安排具体时间,以降低接待高峰时间的工作负荷。

③ 如果不能满足用户要求的时间,建议并提出另一个预约时间。

④ 对于返修、质量担保、预防行动，其他特别维修行动的，应优先进行维修安排。

（6）估计交车时间

① 确定交车日期和时间时，应考虑工作顺序、维修车间的工作负荷、维修时间等因素。

② 审查用户维修更换零件库存状况，如果无货或有其他意外情况时，应及时告知用户，并提出另一个预约时间。

（7）准确了解用户的需求

① 在本次预约结束前或再次与用户去电话联系时，应对以下内容进行进一步确认。

◆ 用户的姓名、电话号码、车型、车牌号、维修项目。

◆ 用户具体的来站日期和时间，并尽量满足用户期望的预约时间。

——"王先生，我来确认一下：您的电话是13995586691；您的车型是凯旋旗舰型，您的车牌号是川ATB6768，您预约的时间是明天上午九点半，对车辆做一个四万五千公里的保养，同时再对车辆做一下检查，是这样吗？"

◆ 用户是否能够准时到达。

——"王先生，我们将为您把维修工位预留到明天上午十点，希望您能在这个时间前来我站，好吗？"

② 谈话结束时，对用户表示感谢。

——"王先生，谢谢您的来电，我们将在明天上午恭候您的到来。"

③ 完善预约记录。

（8）为用户来站做准备

① 查阅用户档案的维修历史，了解用户车辆以前出现过的问题和主要工作记录，做好相应对策。

② 核实车辆是否属于预防行动或其他特别维修行动，做好相应备件、工艺、工具、人员等方面的准备。

3. 预约——特别注意

（1）忘记和预约用户再次确认用户到达时间。

（2）忘记安排人员、时间、工位、领料等。

（3）仅凭电话无法对车辆故障做准确判断，却又忘记向技术专家咨询。

（4）与用户再次确认时间时，发觉记录信息不全，联系不上用户。

（5）站内情况有变化，但忘记通知用户改日再来，用户到站后不满。

（6）用户到站后，发现无法按约定时间进行维修，非常生气。

（7）用户明天来，可是明天我休息。

第二节 汽车维修前台接待

一、店面维修接待流程与准备

用户希望到达服务网点时第一时间有人主动热情地接待他,引导他将车辆停好后,为他提供快速周到的服务。

企业组织管理有序,可随时接待无需预约用户并且能够严格控制用户等候时间。确保及时快速接待用户,要仔细聆听并具备专业性表现,用户的要求应该予以考虑。

客户到达与接待的意义是以高质量的接待给用户良好的第一印象,获得用户的好感,令后续服务顺利进行。

(一)店面接待流程(图3-5)

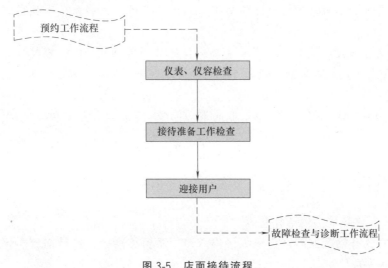

图3-5 店面接待流程

(二)重点技巧

(1)要有规范的形象。

(2)要有正确的接待礼仪——首映效应(一个人的仪表是构成第一印象的主要因素)。

(3)要和客户有公共话题。

（4）要以用户为中心。

（三）工作要素

1. 仪容仪表检查

（1）按员工着装标准着装，保证整洁、无破损，佩戴工作牌。

（2）检查仪容、仪表，保证面部各部位干净、整洁、无异味。

（3）始终保持饱满的精神面貌和微笑的面容。

2. 接待准备工作检查

（1）文件资料和工具检查

① 按工作流程要求检查所有工作单据是否齐全（《预约记录表》《预检单》《派工单》《保养表单》等）。

② 检查接待前台每台电脑的工作状况（DMS系统）以及与打印机的连接状况。

③ 至少保证有一台电脑能够连接Internet，并安装了最新版预防行动查询系统。

④ 查看、整理用户《预约登记簿》（或DMS系统中的"预约看板"），并及时更新用户"预约欢迎板"内容。

⑤ 提前一小时与预约当日来站服务的用户进行电话联系，确认用户具体来站时间。

——"王先生，您好。我是＊＊＊服务站的服务顾问小陈，打扰您了。您预约过今天上午九点半来给车辆做45000公里的保养，想和您确认一下，您的时间有变化吗？"

⑥ 如果确认预约用户能够如期而来，可提前准备好《预检单》，以节省接待中洽谈时间。

⑦ 检查来电显示电话是否正常工作。

⑧ 整理"防护五件套"（座椅防护罩、地毯垫、方向盘护套、变速杆护套及手刹护套）。

（2）工作环境的清洁和整理

① 每天开始营业前，检查维修出入口、服务接待区、接待前台、用户休息室和洗手间的卫生。

② 整理用户休息室，检查并打开音响、影像设备，保证电脑处于上网状态。

③ 报刊摆放整齐，并及时更新，检查并保证饮水机处有水、水杯。

④ 保证用户接待大厅、用户休息室温度适宜，灯光照度适宜。

⑤ 全部检查完毕后，各就各位，等待用户光临。

3. 迎接客户

（1）当用户来到服务站时，要迅速出迎。

(2) 引导用户停车。

(3) 向用户进行问好，问候用户时要用眼睛看着用户并面带微笑，态度和蔼。

(4) 主动为用户开启车门，并进行自我介绍。

——"先生，上午好，我是本站的服务顾问，我叫陈蓉，您叫我小陈好了。请问怎么称呼您？"

(5) 询问用户姓名，之后要礼貌、正确地称呼用户。

——"您好！王先生，有什么可以帮助您吗？"

(6) 不能有两位以上的用户等待同一个服务顾问，必要时，应增加兼职服务顾问。

(7) 如确实需要用户等待，应向用户进行礼节性的说明，视情况，建议用户到用户休息室休息、等待。

(8) 应让预约的用户看到"预约欢迎板"，确保优先接待预约用户。

(9) 未预约的用户，先到的先接待。

(10) 如果预约用户在预定时间未能如约而来，应进行电话联系，并婉转询问原因。

(11) 如用户仍希望预约，则按预约工作流程要求进行再次预约。

——"王先生，因为您上次预约的是上午九点半，我们的工位和维修人员都是按这个时间给您预留的，不知是什么原因影响了您的约定？如果您十点以后来可能会多等一会儿，您看行吗？如果您不愿意等，也可以重新预约。"

(12) 用户咨询、接待电话保持随时有人接听，电话铃响不能超过三声。

（四）特别注意

(1) 停车区无人引导，找不到停车位。

(2) 进入接待大厅无人问候。

(3) 接待大厅内用户较多，有排队现象。

(4) 服务顾问都在忙，用户找不到服务顾问。

(5) 接待用户时不专心，用户不满。

(6) 工作准备不充分，找不到工作单据。

二、职业形象设计

（一）仪容礼仪

1. 仪容礼仪的构成（图3-6）

(1) 美发礼仪（总体而言）

① 要勤于梳洗。

② 长短要适中。

③ 发型要得体。

④ 美发要自然。

男士：
远看头，近看脚，不远不近看中腰。
1.短发；(前发不覆额，侧发不及耳，后发不及领)
2.清洁、整齐，不要太新潮，不烫发、不染发。
3.精神饱满，面带微笑。

女士：
女人看头。
1.发型文雅、庄重，梳理整齐，长发要用发夹夹好，不披头散发；
2.指甲要整洁、不宜过长，不要染指甲。

图 3-6　仪容礼仪的构成

(2) 面容礼仪

① 眼睛：无眼屎，不充血，不斜视。眼镜端正明亮。不戴墨镜或有色眼镜。

② 耳部：注意耳屎。

③ 鼻腔：修剪鼻毛。

④ 嘴巴：刮胡须，饭后洁牙。

⑤ 口腔：牙齿清洁，口中无异味，会客时不嚼口香糖等食物。

(3) 手臂礼仪

① 手部：清洁，不染彩甲，不留长指甲。如图 3-7 所示。

图 3-7　手部礼仪

② 肩部：不裸露。

(4) 腿部礼仪

① 脚部：不光脚。皮鞋光亮整洁。

② 腿部：不露腿毛。

2. 化妆礼仪

(1) 美容化妆的原则

① 自然原则。

② 美化原则。

③ 得法原则。

④ 协调原则。

(2) 美容化妆的礼规

① 扬长避短。

② 化妆的浓淡要注意时间与场合。

③ 不要当众进行化。

④ 不要在异性面前化妆。
⑤ 不要使化妆妨碍于人。
⑥ 不要使妆面出现残缺。
⑦ 不要借用别人的化妆品。
(3) 化妆方法
① 清洁脸部。
② 抹粉底。
③ 眼睛化妆。
④ 修眉与描眉。
⑤ 上胭脂。
⑥ 涂口红。

(二) 着装礼仪

1. 着装的基本原则

(1) 和谐得体原则：着装与年龄、体型、肤色、脸型、职业相协调。

(2) 遵循国际通行的 TPO 原则：Time，Place，Object。

(3) 遵守"三色"原则：全身上下的颜色不超过 3 种。

2. 着装的一般要求

男士着装应遵循与他人保持一致原则。女士着装，应主要遵循个性化原则。对于职业女性来说，为了使自己职业化的服饰具有一定的个性色彩，通常可以利用一些小饰物来体现自己独特的审美追求和服饰品味。

3. 着装的具体要求

(1) 男士着西装的具体要求

① 选择合体的西装。

② 男士西装的穿着：西装穿着要得体，必须懂得着装知识，按规矩去穿。

③ 西服的配件：穿西服时需要有衬衫、马甲、领带、领带夹、裤带、皮鞋等与之配套。

(2) 男士着装的原则

① 衬衫、领带、腰带和鞋袜，一般不超过三种颜色。

② 穿西装时必须配皮鞋，牛仔裤不宜与西服搭配。

③ 衬衫以白色、淡色为宜。

④ 袜子一般以黑色、深色为佳。

⑤ 拆除商标。

⑥ 慎穿毛衫。

⑦ 扣好纽扣、少装东西。

⑧ 熨烫平整、不卷不挽。

(3) 女士着装的基本要求

① 裙装（图 3-8）。

颜色：黑色、藏蓝色、灰褐色、灰色上选颜色。

面料：半毛织品或者亚麻制品，后者最好混有人造纤维，否则容易出褶。

款式：及膝裙。不穿皮裙或无袖无领连衣裙。

② 裤装（图 3-9）。

颜色：黑色、灰色，适当条纹皆可。

款式：肩要平直，对称，V 字领，大小要合体，腰身和腰围不要有紧绷感。稍宽松为宜。

图 3-8　裙装　　　　　　　　　图 3-9　裤装

(4) 女士着装具体要求

① 着正规单色套装，大方、得体，遵循三色原则。

② 穿裙装时，裙子长度适宜，着肤色丝袜，忌有破洞或穿短丝袜。

③ 搭配领结或丝巾。

④ 饰物要大方得体，不宜过多。

⑤ 鞋子光亮、清洁。

4. 领带和丝巾的选择与佩戴技巧

(1) 选择（图 3-10）

① 面料：真丝、尼龙、棉布、麻。

② 色彩：蓝色、灰色、黑色、棕色、白色、紫红色最受欢迎。多色领带一般不应超过三种色彩，可用于各类场合。

图 3-10　领带

③ 图案：正式场合，应规则、传统，最常

见的有斜条、横条、竖条、圆点。

(2) 佩戴技巧

◆女士丝巾：

① 丝巾——蝴蝶结，如图3-11所示。

图3-11 丝巾——蝴蝶结

② 小方巾——牛仔结（童军结），如图3-12所示。

图3-12 小方巾——牛仔结（童军结）

③ 小方巾——花朵结，如图3-13所示。

第一步将丝巾正面向下平铺，对角打个结绑在一起；第二步将剩下的两个角穿过中间那个结，一个靠右放，一个靠左放；第三步将拉住那两边，向两头继续拉紧；最后拉到最后，反过来变成了这样。

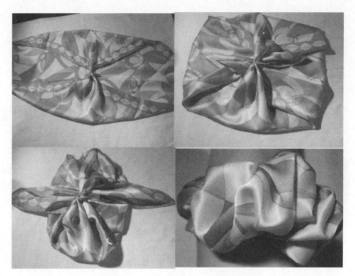

图 3-13 小方巾——花朵结

◆ 男士领带：

① 温莎式。一般用于商务、政治等特定场合。非常漂亮，属于典型的英式风格，其步骤在几种最常用的领带打法中也算是最复杂的了，如图 3-14 所示。

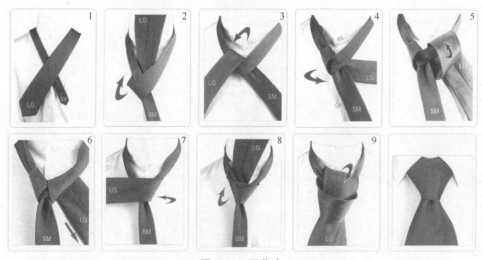

图 3-14 温莎式

② 四合一式。是最常用的领带打法，也可以说是最经典的领带打法。风格简约，非常方便，领结呈斜三角形，适合窄领衬衫，如图 3-15 所示。

5. 饰品佩戴礼仪

(1) 佩戴饰品应遵循的原则

① 点到为止，恰到好处；质地优良，做工精细。

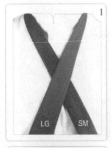  
 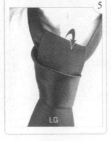 

图 3-15　四合一式

② 凸显长处，遮掩短处；突出个性，与众不同。

③ 懂得寓意、避免误会。

(2) 男士的配饰（图 3-16）

(3) 女士的配饰（图 3-17）

(4) 工作牌（图 3-18）

① 礼仪要点：佩戴在左胸口处。

② 动作要领：女士的工牌佩戴在左胸齐衬衣领口第一粒纽扣处，工牌下缘与地面平行。男士的工牌别在西装上衣袋口上缘正中处，工牌下缘与地面平行。

(三) 仪态礼仪

1. 仪态礼仪的概念与构成

(1) 仪态：一个人举止的风度与姿态。

(2) 仪态礼仪的构成：面部表情和举止姿态。

2. 面部表情

(1) 眼神

① 目光交流　要求员工正视、不回避、与多人交流，环视法与虚视法结合使用。

◆ 把握时间。占全部交谈的 30%～60%。

◆ 与多人交流时，目光要有投射。

◆ 正视对方目光，不回避。

①皮带质量要上乘，最好与公文包同色，而且首选黑色。
②西裤的腰带，宽度在2.5～3.0cm较为美观。腰带系好后，留有皮带头的长度一般为12cm左右。

①领带夹的基本作用是固定领带，其次才是装饰。
②使用领带夹的正确位置，在衬衫从上朝下数的第四粒、第五粒钮扣之间。
③最好不要使之在系上西装上衣扣子之后外露。

①在商务场合，佩戴手表通常意味着时间观念强、作风严谨。
②在正式场合佩戴的手表，在造型上要庄重、保守，避免怪异、新潮，尤其是尊者、年长者更要注意。一般正圆形、正方形、长方形、椭圆形和菱形手表适用范围极广也适合在正式场合佩戴。而且适合选择单色或双色手表，色彩要清晰、高雅。黑色的手表最理想。

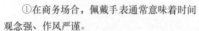

图 3-16　男士的配饰

首饰(戒指、项链)：①最多三件，不奢华、不花哨；②饰品质地要相同

丝袜：①肤色；②不脱丝、无破洞

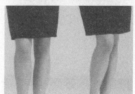

图 3-17　女士的配饰

图 3-18　工作牌

② 当众讲话目光交流的三个错误

◆ 看天、看地、就是不看人。

◆ 只盯着一个人看,而忽视其他人的存在。

◆ 是目光游移,飘忽不定。

(2) 微笑 (图 3-19)

① 微笑的魅力

◆ 能给对方留下良好的第一印象。

◆ 有利于迅速打破僵局,消除双方戒备心理。

◆ 在谈判桌上,微笑是讨价还价的有力武器。

◆ 微笑可以化解敌意,消除不悦。

◆ 微笑是促进身心健康的良药。

② 训练方法

◆ 照镜训练法。照着镜子,放松面部肌肉,嘴角两端稍稍用力向上拉,使两端嘴角微微上翘,让唇线略呈弧形,在不牵动鼻子,不发出笑声,不露出牙龈(露出上颚的 6 颗牙齿)的前提下,微微一笑。

图 3-19　微笑

◆ 发声练习法。念一些词字,如钱、茄子、威士忌、V、G、一,是微笑的最佳口型。

◆ 道具辅助法。用门牙咬一根筷子,嘴角上扬。

3. 举止姿势

(1) 坐姿——"坐如钟"

① 坐姿的基本要求

◆ 入座轻稳、上体自然挺直,挺胸,双膝自然并拢。

◆ 头正、嘴角微闭，下颌微收，双目平视，面容平和自然。
◆ 双肩平整放松，双臂自然弯曲，双手自然放在双腿上或椅子、沙发扶手上，掌心向下。
◆ 应坐满椅子的 2/3，脊背轻靠椅背。
◆ 离座时，要自然稳当。
② 男士坐姿
◆ 双手平放在双膝上，如图 3-20 所示。
◆ 双手叠放于一条腿的中前部，如图 3-21 所示。

图 3-20 双手平放

图 3-21 双手叠放

③ 女士坐姿
◆ 标准式，如图 3-22 所示。
◆ 侧腿式，如图 3-23 所示。
◆ 重叠式，如图 3-24 所示。
◆ 前交叉式，如图 3-25 所示。

图 3-22 标准式

图 3-23 侧腿式

图 3-24 重叠式

图 3-25 前交叉式

（2）站姿——"站如松"

① 站姿的基本要求

◆ 端正，挺拔，优美，典雅。

◆ 面带微笑。

◆ 挺胸、收腹、抬头。

◆ 双目平视；双肩放松、端平。

◆ 男士：双臂自然下垂，处于身体两侧，右手轻握左手的腕部，左手握拳，放在小腹前，或者置于身后。脚跟并拢，脚呈"V"字形分开，两脚尖间距约一个拳头的宽度；或双脚平行分开，与肩同宽。

◆ 女士：双臂自然下垂，处于身体两侧，将双手自然叠放于小腹前，右手叠加在左手上。两腿并拢，两脚呈"丁"字形（或并立）站立。

② 手位练习

◆ 双手置于身体两侧，如图 3-26 所示。

◆ 右手搭在左手上叠放于体前，如图 3-27 所示。

◆ 双手叠放于体后，如图 3-28 所示。

◆ 一手放于体前一手背在体后，如图 3-29 所示。

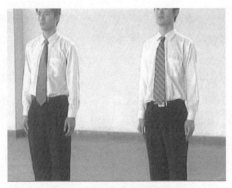
图 3-26 双手置于身体两侧

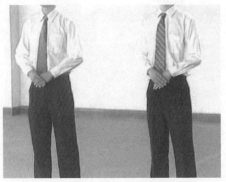
图 3-27 右手搭在左手上

图 3-28 双手叠放于体后

图 3-29 一手放于体前一手背在体后

③ 脚位练习
◆ "V"形，如图 3-30 所示。
◆ 双脚平行分开不超过肩宽，如图 3-31 所示。
◆ 小"丁"字形，如图 3-32 所示。

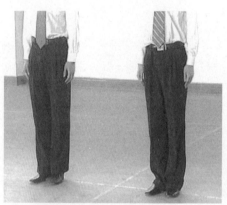
图 3-30 "V"形

图 3-31 双脚平行

图 3-32 小"丁"字形

④ 站立注意事项
◆ 站立时，切忌东倒西歪，无精打采，懒散地倚靠在墙上、桌子上。
◆ 不要低着头、歪着脖子、含胸、端肩、驼背。
◆ 不要将身体的重心明显地移到一侧，只用一条腿支撑着身体。
◆ 身体不要下意识地做小动作。
◆ 在正式场合，不要将手叉在裤袋里面，切忌双手叉抱在胸前，或是双手叉腰。

◆ 男子双脚左右开立时，注意两脚之间的距离不可过大，不要挺腹翘臀。

◆ 不要两腿交叉站立。

（3）走姿——"行如风"

① 走姿要领：头正、肩平、躯挺、步位直、步幅适度、步速适中、目视前方。

② 后退步。向他人告辞时，应先向后退两三步，再转身离去。退步时，脚要轻擦地面，不可高抬小腿，后退的步幅要小。转体时要先转身体，头稍候再转。

③ 侧身步，如图3-33所示。当走在前面引导来宾时，应尽量走在宾客的左前方。髋部朝向前行的方向，上身稍向右转体，左肩稍前，右肩稍后，侧身向着来宾，与来宾保持两三步的距离。当走在较窄的路面或楼道中与人相遇时，也要采用侧身步，两肩一前一后，并将胸部转向他人，不可将后背转向他人。

（4）蹲姿

① 种类

◆ 交叉式，如图3-34所示。

◆ 侧蹲式，如图3-35所示。

图3-33 侧身步

图3-34 交叉式

图3-35 侧蹲式

② 女士蹲姿要求（如图3-36所示）

◆ 保持与客户适中的距离。

◆ 下蹲时侧对客户。
◆ 上身挺直,面带微笑。
◆ 双腿并拢收紧,一高一低。
③ 男士蹲姿要求(如图3-37所示)
◆ 不要距人过近。
◆ 不要突然下蹲。
◆ 面带微笑。
◆ 下蹲时侧对客户。
◆ 上身挺直,双膝适度分开,一高一低。
◆ 左(右)腿作为支撑。

图3-36 女士蹲姿要求

图3-37 男士蹲姿要求

三、服务接待礼仪

图3-38 迎接礼仪

(一)迎接礼仪

1. 引领礼仪

(1)行进过程中(图3-38)

① 礼遇客户 相距约2m远,点头致意、问候对方。

② 引领客户

◆ 走在客户左前方1.5m处。
◆ 随客户步子轻松前进。
◆ 让客户走在内侧。
◆ 遇到台阶或转弯时,用手势示意并使用敬语。

③ 主陪客户

◆ 两人并行，主居左、客居右。
◆ 让客户走在靠近陈列物品的一侧。
④ 超越客户
◆ 走在客户左后方约 1.5m 处时。
◆ 致歉意"对不起，打扰您了，谢谢！"
（2）上下楼梯
① 当引导客人上楼时，应该让客人走在前面，主人走在后面。
② 若是下楼时，则应该由主人走在前面，客人在后面。因为，上下楼梯时，主人应该注意客人的安全。
（3）出入电梯
① 引导客人乘坐电梯时，主人应先进入电梯，等客人进入后再关闭电梯门。
② 到达时，主人应按"开"的钮，让客人先走出电梯，自己再走出。
2. 接待礼仪
（1）当客户进入店面的时候（图 3-39）
① "您好，欢迎光临！"后，鞠躬。
② 鞠躬约 15°～30°，时长约 3～5s。
③ 做出小请的手势
◆ 手在身体划半圆之后打开，倾斜 45°。
◆ 掌心面对客户，五指并拢，拇指微微张开。
◆ 眼神从请的手指回到客户的眼睛上，微笑着面对客户。

图 3-39　当客户进入店面的时候

（2）请客户入座的时候（图 3-40）
① 手在胸前划半圆之后打开，比向右手边的座位。
② 说"请坐"
◆ 说"请"时，眼睛看着手指。
◆ 说"坐"时眼睛要拉回到客户脸上。
（3）当客户询问道路或方向时（图 3-41）
① 将手从身体正前方打开，同时伸出。
② 指引到将要引领的方向。
（4）有很多客户在场时
超过五位客户同时在场，先请右手边的客户、再请左手边的客户。

（二）见面礼仪
1. 称呼
（1）称呼的种类

① 职务称呼，如主席、经理、部长、局长、主任。
② 职称称呼，如工程师、教授。

图 3-40　请客户入座的时候　　　　图 3-41　当客户询问道路或方向时

③ 行业称呼，如老师、医生、会计、律师。
④ 性别称呼，如先生、小姐、女士。
⑤ 姓名称呼：全姓名称呼，一般用于学校、军队；名称称呼，如大伟、建华；姓名加修饰词，如老李、小王。
⑥ 您你称呼。

(2) 敬称与谦称

① 敬称：表示称呼人对被称呼人的尊敬之情而附加的称谓词语，主要表示对被称呼人尊敬的感情和态度。如：令爱、令郎、令亲、令堂、令尊、阁下等。
② 谦称：对外人称呼自己的亲属。如：小弟、小儿、小女、家父、家母、家兄、舍弟、舍妹。
③ 礼貌谦词的一些用法。如久仰、久违、包涵、劳驾、打扰、留步、请斧正、失陪、奉还、奉陪等。

(3) 称呼的注意事项

① 错误的称呼。如：将未婚女士称为"夫人"。
② 称呼外号。
③ 使用庸俗的称呼。
④ 使用过时的称呼。如：古代的"老爷""大人"等在现代使用。
⑤ 使用不恰当的行业称呼。

2. 问候

(1) 问候方式　在日常交往中，同见面的新老朋友互致问候，是最普通的礼节。世界上有各式各样的见面问候方式，如日本人习惯鞠躬；中国的传统做法是拱手作揖；欧美人士打招呼时常拥抱接吻；新西兰毛利人则行碰鼻礼，碰鼻子的时间越长，说明客人受到的礼遇越高，越受欢迎。欧洲人把帽子稍稍向上掀一掀，同时欠一欠身，等等。无论各国、各民族的习惯有多大不同，"以礼相待"则是相同的。如图3-42所示。

① 语言问候："您好！""早上好！""下午好！""吃过了吗？"等。

② 动作问候：点头、微笑、握手、拥抱、吻礼、鞠躬等。

③ 点头要领：面正、微笑；目光平视，真诚自然；上体前倾，头部快速上扬后下点。

④ 鞠躬：鞠躬礼是人们在生活中对别人表示恭敬的一种礼节，既适用于庄严肃穆、喜庆欢乐的仪式，也适用于一般的社交场合。在一般的社交场合，晚辈对长辈、学生对老师、下级对上级、表演者对观众等都可行鞠躬礼。

图3-42 问候礼仪

◆ 鞠躬礼注意事项：地位较低的人要先鞠躬，且鞠躬相对深一些；受鞠躬应还以鞠躬礼；鞠躬礼毕起身时，目光应有礼貌地注视对方；不可一面鞠躬一面抬头看受礼者；必须脱帽行礼；鞠躬时不能把手插在衣袋里；嘴里不能吃东西或叼着香烟。

◆ 鞠躬礼行礼的方式：在标准站姿基础上，男士双手自然下垂，贴放于身体两侧裤线处，女士的双手下垂搭放在腹前。行礼时，以腰部为轴，头、肩、上身保持挺直，顺势向前弯腰，鞠躬时眼睛朝下看。下弯的幅度可根据施礼对象和场合决定鞠躬的度数。

◆ 鞠躬的度数（图3-43）。

15°行礼，又叫欠身礼，用于多种商务场合，在站、坐、走、问候、介绍、握手和让座时均可使用。如与客户交错而过时。

30°行礼，用于公共场合。一般是下级给上级，学生给老师，晚辈给前辈，服务人员给来宾的场合。行礼度数为看到脚尖前方1.5m处。

45°行礼，属于最高礼节。用于重要场合的重要人物。参加演讲、演说或者是丧礼时一般会使用。行礼度数为看到脚尖前方1m处。

(2) 问候的顺序　问候时，为了体现尊卑。男性应先向女性问候，年轻的应先向年老的问候，下级应先向上级问候。

(3) 问候的注意事项

15°鞠躬　　　　　30°鞠躬　　　　　45°鞠躬

图 3-43　鞠躬的度数

① 习惯热烈的拥抱。
② 坦然地接受亲吻。
③ 会行鞠躬礼。
④ 会行合十礼。

合十礼，源自印度，流行于泰国、缅甸、老挝、柬埔寨、尼泊尔等佛教国家的见面拜礼，如图 3-44 所示。在泰国，行合十礼时，一般是两掌相合，十指伸直，举至胸前，身子略下躬，头微微下低，口念萨瓦蒂。"萨瓦蒂"系梵语，原意为如意。遇到不同身份的人，行此礼的姿势也有所不同。例如，晚辈遇见长辈行礼时，要双手高举至前额，两掌相合后需举至脸部，两拇指靠近鼻尖。男行礼人的头要微低，女行礼人除了头微低外，还需要右脚向前跨一步，身体略躬。长辈还礼时，只需双手合十放在胸前即可。拜见国王或王室重要成员时，男女还均须跪下。国王等王室重要成员还礼时，只点头即可。无论地位多高的人，遇见僧人时都要向僧人行礼，而僧人则不必还礼。各民族的习惯有多大不同，"以礼相待"则是相同的。

图 3-44　合十礼

3. 介绍

(1) 介绍的种类

① 自我介绍。

◆ 含义：在必要的社交场合，把自己介绍给他人，使对方认识自己。

◆ 时机：对方有兴趣时、对方有空闲时；对方情绪好时、对方干扰少时；对方有要求时。

◆ 要点：面带微笑；身体站直，前倾15°；右手放在自己的左胸上；眼睛看向对方，眼神要自然亲切。

◆ 顺序：位低者先行。主人和客人在一起，主人先做自我介绍；晚辈和长辈在一起，晚辈先做自我介绍；男士和女士在一起，男士先做自我介绍；地位低者和地位高者，地位低者先做自我介绍。

◆ 具体形式：

应酬式：只介绍姓名，适合公共和一般社交场合，对象为一般接触的交际对象。

工作式：内容包括姓名、单位以及部门、职务或从事的具体工作等。如："你好，我叫××，是××公司的人事经理。"

交流式：刻意寻求交流，希望对方了解自己，与自己建立联系，介绍内容包括姓名、学历、爱好等，如"你好，我叫××，在××工作。我是××的同学，都是××人。"

礼仪式：内容包括姓名、单位、职务等，介绍时，应加入一些适当的谦辞和敬语，以示尊重，适合讲座、报告等正规场合，如"各位来宾，大家好！我叫××，是××学校的学生。我代表学校全体学生欢迎大家光临我校，希望大家……。"

② 介绍他人。

◆ 含义：指第三者为彼此不相识的双方引见或把一个人引见给其他人的一种介绍方式。介绍人对被介绍双方都比较了解。

◆ 要点：手心朝上、手背朝下，手掌向斜上方，五指并拢；指向被介绍的一方，同时向另一方点头微笑，同时再用视线把另一方的注意力引到过来；眼神随手势指向被介绍的对象。如图3-45所示。

图3-45 介绍他人礼仪

◆ 谁来充当介绍人：对于社会活动中来说，东道主为介绍人；对于家庭聚会来说，家主人为介绍人；对于公务交往来说，应邀者为介绍人。

◆ 顺序：以尊为先；谁拥有信息的优先权，谁就是受尊重的一方，如图3-46所示。

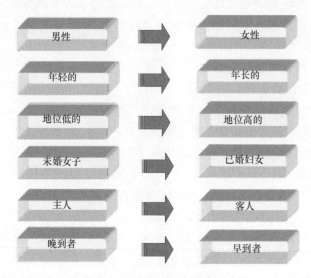

图 3-46 介绍他人顺序

③ 自己被介绍给他人。

◆ 含义：即自己作为被介绍的一方。

◆ 要点：如果自己的身份较高，应主动与对方握手；作为一般身份的人，应耐心等待。被介绍时，一般均应起立，微笑致意，或说"认识你很高兴"之类的礼貌用语。

(2) 介绍时的注意事项

① 介绍出现失误要沉着应对。不知道对方姓名要暗示对方；忘记对方姓名坦白承认；自己被漏掉要主动介绍。

② 记住受介绍中姓名。

③ 等别人主动介绍。

4. 握手

(1) 握手礼仪的含义　握手是在相见、离别、恭贺或致谢时相互表示情谊、致意的一种常见礼节。

(2) 握手的时机

① 被介绍相识时。

② 故友重逢。

③ 表示祝贺。

④ 安慰和问候。

(3) 握手的礼仪规范

① 1m 相距，上身前倾。

② 目视对方，面带微笑。

③ 虎口相对，力度七分。握手礼仪如图 3-47 所示。

④ 3s 为宜。

(4) 握手礼仪的出手顺序

① 尊者居前。

② 与女士握手时，一般只握对方的指尖部位。

(5) 握手礼仪的禁忌

① 多人时，不要交叉握手。

② 不要用湿手、脏手同他人握手。

③ 握手时，不要戴帽子或者手套、墨镜。

图 3-47　握手礼仪

④ 握手时必须站立，老弱病残者例外。

5. 名片交换礼仪（图 3-48）

(1) 递交的规范

① 应以双手接、递名片，并确定对方姓名和职务。

② 坐着时，尽可能起身接受对方递来的名片。

(2) 名片的放置

① 名片夹或皮夹最好置于西装内袋。

② 避免由裤子后方的口袋掏出。

(3) 名片交换的顺序

① 尊者为先。

◆ 谁拥有信息的优先权，谁就是受尊重的一方。

◆ 与介绍他人的顺序是一样的。

② 发放名片的顺序。

◆ 按职位遵循由高到低的顺序。

◆ 按距离遵循由近及远的原则。

◆ 按方向遵循顺时针的原则。

③ 养成一个基本的习惯：会客前检查和确认是否有足够的名片。

(4) 掌握交换名片的礼貌用语

① 索要名片时。

"我可以向您要一张名片吗？"

"我们可以交换名片吗？"

"这是我的名片，以后常联系。"

② 拒绝别人时。

"对不起，我的名片都用光了。"

"我忘带了。"

6. 交谈礼仪

（1）交谈礼仪的概念 交谈是一种有来有往、相互交流感情的双边或多边活动，是社会交往、沟通信息、交流思想、加深友谊的重要手段和基本形式。

（2）谈话内容的原则

① 切合语境：遵守 TPO 原则。

② 符合身份。

③ 因人而异。

图 3-48 名片交换礼仪

（3）言谈技巧

① 明确目的。谈话前必须明确"为什么""想说什么"。要把思路理清楚。

② 表述准确，见表 3-5。

表 3-5 言谈表述要求

言谈内容	不规范表述	准确表述
When	最好快一点	今天中午 11 点以前
Where	在门口	公司前门门口
Who	交给上司	交给 HR 总监
What	把这事研究一下	下班前把研究结果告诉我
Why	先复印这份文件	这份文件下午开会要用，所以请先复印
How to	请快一点寄去	请用特快专递寄给她
How much	请尽量节省	请不要超过一千元

（4）聆听的艺术

① 聆听原则：倾听"LISTEN"。

L—Look，注视对方。

I—Interest，表示兴趣。

S—Sincere，诚意开心。

T—Target，不离目标。

E—Emotion，控制情绪。

N—Neutral 不存偏见。

② 如何有效地聆听。

◆ 汉字"听"的繁体字是"聽"，它有三个重要构件，即"耳""目""心"，也就是说，在聆听的时候，要用耳、用眼睛、用心。

第一，用耳朵听。听别人说的时候要注意：双方保持适当距离，上身稍微前倾，表示愿意聆听；不要贸然打断对方；不要在对方说到精彩处随意接电话或者打哈欠等。

第二，用眼睛听。在聆听对方的时候，维持良好的视线接触，随着谈话内容和对方感情的变化，实时地通过眼神表达你的感情倾向，不宜频繁转移视线或者显得呆若木鸡，聆听时候的专注是对他人的基本尊重。

第三，用心听。首先要能够抓住对方谈话的实质和主要观点；其次要能够运用简短的语句鼓励、引导对方往下说，如采用提问、赞同、简短评论、复述对方话头、表示同意等方法，以避免出现冷场；再次是对自己没听懂的话，适时询问。

◆ 保持目光接触。

◆ 积极的表情回应。

◆ 积极的声音回应：语言表示时、不干扰对方说话，运用开放式提问鼓励对方说下去，不妄下结论，如：我对您的话很感兴趣；您说得很有道理等。

◆ 聆听中了解需求。

◆ 开放式问话。开放式是为了取得信息，让对方充分表达想法，如：汽车跑起来有什么症状？您认为您的汽车出了什么故障？等。封闭式是获取确认、引导对方进入谈话主题，缩小谈话范围，确定谈话优先顺序，如：您的车用几年了？制动时总是向左跑偏，对吗？

◆ 适时重复重要话语。

◆ 适时提出相关问题。

◆ 适当赞同。

(5) 交谈的禁忌

① 自吹自擂、炫耀自己。

② 恶语伤人（良言一句三冬暖，恶语伤人六月寒）。

③ 妄下结论。

④ 言而无信。

7. 环车检查礼仪

(1) 总体而言

① 与客户交谈时，要距离适中。斜站客户对面，形成一定角度，以左侧为宜。

② 询问客户时，态度诚恳，目光注视客户脸部三角区。如客户坐在车中，尽量保持一个半手臂的距离。如图 3-49 所示。

③ 全神贯注聆听客户说话，边听边记、请客户签名时，笔尖要朝向自己。

(2) 具体而言

【第一步】引领客户到车旁。

① 礼仪要点。

◆ 引领、目光、微笑。

◆ 语音、语调、距离、持物。

② 动作要领：吐字清晰、标准走姿、引领客户到车旁，左手打开左前车门。如图3-50所示。

③ 语速语调："请您跟我一起检查您车的外观，并做登记，行吗？"或者"您的车保养得不错啊！"

图3-49 与客户交流

图3-50 引领客户

【第二步】使用三件套，如图3-51、图3-52所示。

① 礼仪要点。

◆ 手势、目光、微笑。

◆ 语音、语调、蹲姿。

② 动作要领。

◆ 将"环车检查单"轻放于仪表板上。

◆ 铺脚垫、蹲姿套座椅，双手抚平。

◆ 上车时，女士双腿并齐同时进入驾驶室。

◆ 坐姿端正。套方向盘套，最后套排挡杆套。

◆ 女士下车，双腿并齐，双腿先出。如图3-53所示。

◆ 下车后关车门。引领客户。

③ 语速语调。

◆ "在维修过程中为保护您的爱车，我给您的车免费铺上三件套，好吗？"

◆ "我来登记一下里程数和油表，请稍等。"

◆ "请您跟我到车前端进行检查。"

图 3-51　使用三件套（一）

图 3-52　使用三件套（二）

【第三步】车前端检查，如图 3-54 所示。

图 3-53　女士下车礼仪

图 3-54　车前端检查

① 礼仪要点。
◆ 手势、目光、蹲姿。
◆ 语音、语调、站姿。
② 动作要领。
◆ 五指并拢，指向损伤部位。
◆ 低位示意，运用蹲姿检查。
③ 语速语调："请看这里，有一块漆掉了，请问这次需要修补吗？您看呢？"

【第四步】发动机舱检查，如图 3-55 所示。

① 礼仪要点：手势、站姿、持物。
② 动作要领。
◆ 右手开发动机盖，并做保护。
◆ 讲解零部件时，五指并拢。
③ 语速语调。
◆ "天气变化了，油、水需要免费检查一下吗？"
◆ "好的，检查的结果我会告诉您的。"

【第五步】右前侧检查，如图3-56所示。

① 礼仪要点。

◆ 引领、目光、走姿。

◆ 蹲姿、站姿、持物。

② 动作要领。

◆ 五指并拢，指向磨损部位。

◆ 做蹲姿检查时，高腿位朝客户。

◆ 用左手持工单夹。

③ 语速语调。

◆ "这条轮胎严重磨损，过极限了，行车有安全隐患，必须更换，产生的费用和所需时间等一下我报给您，好吗？"

◆ "您这边请。"

图 3-55　发动机舱检查

【第六步】后备厢检查，如图3-57所示。

① 礼仪要点。

◆ 引领、走姿、站姿。

◆ 保护、询问、聆听。

② 动作要领。

◆ 开后备厢时，右手开并做保护手势。

◆ 力度适中。

③ 语速语调："可以打开您的后备厢吗？我要检查一下随车工具。"

图 3-56　右前侧检查

【第七步】左前侧检查，如图3-58所示。

① 礼仪要点。

◆ 引领、目光、走姿。

◆ 站姿、持物、递物。

② 动作要领。

◆ 指向检查单时，五指并拢。

◆ 签字递笔时，右手递笔、笔尖朝外。

③ 语速语调。

◆ "刚才您提到的维修需求，我已经登记好了。"

图 3-57　后备厢检查

◆ "您还有其他需求吗？"
◆ 如果没有，请跟随我一起制作工单！

图 3-58　左前侧检查

第三节
接车问诊与制单

客户进入维修站以后，维修服务顾问要认真倾听客户诉愿，使用正确的问诊技巧，实施问诊工作。服务顾问在问诊过程中要按照提问技巧引导客户将故障发生具体状况描述清楚，服务顾问才可以根据故障难度、故障种类及维修技师工作量进行维修派工。准确的问诊能正确引导维修方向，掌握质检时需要确认的要领，减少客户的负面情绪。

对车辆故障全面了解后，维修服务顾问需要根据故障情况确定维修项目，估算维修时间和维修费用，并制作维修委托书。服务顾问必须对整个制单环节全面了解，会估算维修费用和维修时间。

一、问诊

在车辆问诊过程中，首先要判断故障发生的现象，确定故障发生的条件，并填写《汽车维修服务问诊单》。在问诊过程中，服务顾问要运用所学汽车技术知识，有针对性地对故障进行询问，引导客户全面详细地描述故障现象和故障发生时的条件，以快速确定维修项目。服务顾问还要对车辆进行环车检查，如还有明显故障或破损，一并记录在问诊单上。

车辆问诊作为车辆故障的预检，可以将客户报修内容完整、准确地反映在预检单上，对下一步故障原因分析、诊断，提出合理的维修方案及报价，对后续形成完善的派工单、鉴定单,提高一次性修复率至关重要。"车辆故障问诊的方法"是提高车辆维修质量和工作效率的基础。

对于纯保养车辆,问诊也非常重要。通过对保养车辆问诊可以容易确定重点检查的项目,可以帮助发现车辆潜在故障,可以推荐附加的项目,可以推荐缩短保养周期,可以推荐提前更换关键零部件,可以有针对性地告知客户短期内可能出现的故障。

通过车辆问诊,客户可以清楚地知道自己的车到底哪里有问题,同时通过向客户展示维修服务顾问的专业性,使客户对维修服务顾问产生信赖,增加客户忠诚度,能放心地将车辆交给服务顾问处理。

(一) 车辆问诊具体内容

1. 车辆问诊流程 (图 3-59)。

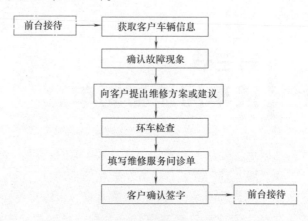

图 3-59 车辆问诊流程

2. 车辆问诊内容

通过车辆问诊环节,维修服务顾问应获取客户车辆信息,确认顾客描述的故障现象,记录故障发生时的表现、规律及形式,同时还要根据车况和维修历史档案对车辆进行检查,查看是否有客户未发现的故障隐患及需维修内容。在客户描述故障过程中,应帮助客户将故障描述清楚,对于不清楚或不确定的地方,《汽车维修服务问诊单》中应记录客户描述症状和维修需求的原话,以备维修技师预检时参考,同时告知客户该故障需要进一步检查,部分维修项目需要预检完方可与其确认。

在向客户进行问诊的同时还可进行直观诊断。直观诊断是指检修人员凭借丰富的实践经验和一定的理论知识,在汽车不解体或局部解体情况下,借助简单工具,借助眼观、耳听、手摸和鼻闻等方法,进行直观检测、性能试验和分析来确定整车及各部分的技术状况,从而查明故障原因和故障部位的诊断方法。直观诊断常用的方法有观察法、听觉法、嗅觉法、触摸法、试验法。

观察法是指按照车主反映的情况仔细观察故障现象，凭借实践经验对故障做出判断，这是一种应用得最多、最基本、也是最有效的故障诊断；听觉法是凭耳听来判断汽车或总成运转时有无异响，当汽车正常运行时，发出的是十分规律的声音；嗅觉法是凭借汽车或总成发出的特色气味来判读故障部位的一种方法；触摸法是凭手、脚触试汽车和发动机故障部位，判读是否正常工作的一种方法；试验法即采用试验的方法来验证汽车和发动机的状况，以达到诊断故障的目的方法。

对于疑难杂症和间歇性故障，必要时应由服务顾问邀请维修人员协助确认和说明。无法确认故障原因的，应申请技术支持。需较长诊断时间或故障较难明确判断时，服务顾问应先向客户解释清楚，填写《汽车维修服务问诊单》，安排客户休息或离开，同时督促相关人员尽快完成故障诊断。

如果客户是保养车辆，问诊则要以快速为主，但如果客户反映有故障存在，则要进行详细询问。

问诊结束后，维修服务顾问应向客户提出维修方案或建议，并进行环车检查。

（二）汽车维修服务问诊单

汽车维修服务问诊单是客户与企业之间的重要文件。它记录了维修服务顾问与客户之间的沟通情况，将客户的要求进行详细而清楚地说明，可以防止可能出现的误解，并能有效帮助维修技师提高一次修复率。

汽车维修服务问诊单主要包含客户与车辆信息、车辆使用信息、故障信息、车辆明显损伤等信息，见表3-6。

表3-6　汽车维修服务问诊单

汽车维修服务问诊单							
进站时间	月　日时　分	送修人姓名		联系电话		行驶里程	
车牌号码		车辆型号		底盘号码		购车日期	
用户描述故障现象	1. 2. 3. 4.						
服务顾问诊断得出初步意见	1. 2. 3. 4. 5.						

续表

服务顾问建议	1. 2. 3. 4. 5.	
功能确认:(正常√　不正常×) □ 音响系统　　　□ 点烟器 □ 中央门锁(防盗器)　□ 后视镜 □ 天窗　　　　　□ 四门玻璃升降		外观确认:H 划痕 P 破裂 D 丢失 F 腐蚀 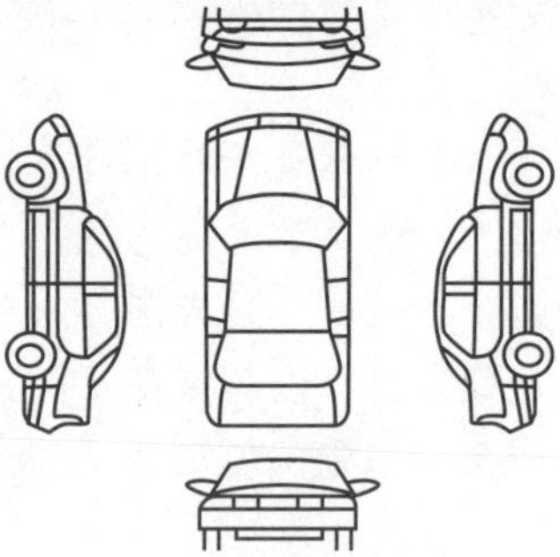 (如有损伤,在相应部位作标记)
物品确认:(有√　无×)  □ 贵重物品已提醒用户带离车辆 □ 随车工具　　□ 千斤顶 □ 备胎　　　　□ 灭火器		
服务顾问提醒	★本次检查出的故障如在本站维修,检查工费不另收取;如不在本站维修,则检查工费应由用户支付,本次检查费为:¥＿＿＿＿元。(保修项目除外) ★自费维修旧件处理:□ 用户要求带走　　□ 用户选择不带。 ★本站已提醒用户将车内贵重物品带离车辆并妥善保管,如有丢失恕与本站无关。	
服务顾问		用户确认	

(三) 环车检查

环车检查应遵循先车辆内饰后车身外观的原则,周到细致地检查车辆音响、空调、车窗等功能部件的工作状况,内饰是否脏污,车身外观有无划伤、碰撞、损坏等缺陷,以及随车是否携带备胎、工具、灭火器、警示牌等物品,将以上信息记录在《环车检查表》(表3-7)相应位置,向客户通报环车检查结果,请客户在《环车检查表》上确认签字,并提醒客户随身携带或代客户保管好贵重物品。

通过环车检查可以明确顾客的主要维修项目,记录所有已经遗失或损坏的部件,并有效减少后期交车时可能出现的争议,以避免对企业不利的索赔。环车检查从车辆左侧驾驶室位置开始,绕车顺时针检查一周。如果在检查的过程中发现问题,应立即向客户指出,并在问诊表中做好记录。在环车检查时,应尽量记住座椅、后视镜、发光镜等的位置及角度,如图3-60、图3-61所示。

表 3-7 环车检查表

检查部位	检查内容	注意事项
驾驶室	记录里程及油表刻度	
	检查灯光、空调、音响系统是否正常	
	检查天窗、四门车窗升降功能是否正常	
	检查雨刷器是否工作正常	
	检查驾驶室是否有顾客遗留的贵重物品。如有要求客户妥善保存	
车左前侧	记录左前门、翼子板、发动机盖、后视镜等处的划痕、凹痕或漆伤	①检查前应征得客户同意 ②拉开高档车可以考虑戴手套 ③进入驾驶室必须安装三件套 ④手套箱是客户的私密空间,打开前一定要征得客户同意 ⑤移动座椅前必须贴好座椅贴,记录座椅原始位置 ⑥如有必要进行故障诊断或试,请技术员或车间主任来完成
	检查风窗玻璃上的划痕	
	检查左侧雨刷片是否硬化或有磨损	
	检查左前轮是否有不均匀磨损、裂纹等问题	
	确认轮饰盖是否完好	
发动机舱	如果是首次光临的顾客,检查发动机号、底盘号和车型编号	
	检查风扇的传动带张紧度、所有油液的存量和质量	
	检查是否有漏油漏水	
车门右前侧	记录右前门、翼子板、发动机盖、后视镜等处的划痕、凹痕或漆伤	
	检查风窗玻璃上的划痕	
	检查右侧雨刷片是否硬化或有磨损	
	检查右前轮是否有不均匀磨损、裂纹等问题	
	确认轮饰盖是否完好	
检查车身右侧	检查右侧车身和油漆的损伤情况	
	检查是否有贵重物品遗忘在车后座上	
	检查右后轮胎是否有不均匀磨损或裂纹等问题	
检查车后侧	检查后门是否有车身和油漆损伤	
	掀起后备厢门,检查后备厢内是否有遗留的贵重物品	
	检查后风窗玻璃上的雨刷片是否有硬化或裂纹	
	检查随车是否携带备胎、工具、灭火器、警示牌等物品	
检查车身左侧	检查左侧的车身和油漆是否有损伤	
	检查是否有贵重物品遗留在车后座上	
	检查左后轮胎是否有不均匀磨损或裂纹	

图 3-60 环车检查(一)

图 3-61 环车检查(二)

第三章 汽车维修业务接待流程

（四）车辆问诊技巧

汽车的故障成因是相当复杂的，且往往是由渐变到突变的过程，不同的故障会表现出不同的内在和外表的特征。但是只要认真观察总会发现一些征兆，不难查出故障的症结所在。根据这些症状来判断汽车的故障，然后予以排除或应急处理。

客户往往不具备专业的汽车知识，很难主动清楚地将故障完全表述，需要汽车维修服务顾问进行有技巧的询问，使客户更多表达自己的意见。

1. 开放式询问

所谓开放式询问是指没有限制的答案，给予客户最大的空间，有利于维修服务顾问获取广泛的信息。如听到什么噪声、闻到什么气味、看到了什么、驾驶的感受、发动机性能。

2. 闭锁式询问

闭锁式询问一般用来确认故障，给予客户回答的空间较小，要求客户在选定的范围内回答。常用词语有：是不是、对不对等。

3. 5W1H问诊法

作为一名专业的维修服务顾问，对于客户提出的感觉性及性能故障（如异响、加速不良、熄火、无法启动等维修技师不易判读故障点的故障）一定要采用5W1H问诊技巧进行提问。此方法简单方便，易于理解使用，对于决策和执行性的活动措施也非常有帮助，也有助于弥补考虑问题的疏漏。5W1H问诊法是以5个以"W"开头的英语单词和1个以"H"开头的英语单词进行询问，寻找故障情况。

Who——是驾车人感觉到的还是同车人感觉到的。

What——是指故障发生时的详细情况，主要内容包括：哪个系统发生了什么故障，当时发动机、变速器、仪表指示灯、灯光、空调、音箱及其他功能等的状态。

Where——故障发生地点，如国道、高速公路、市区、乡村公路，故障发生在车辆什么位置，如左后车内、左前轮胎。

When——故障发生的季节、早晚、频次。

Why——问题发生前车辆有没有发生过其他故障或做过维修保养、改装或事故等。

How——症状以什么样的形式出现何种程度，客户是否有简单的感觉判断，发生时有没有其他伴随现象，如下雨、特殊路面、特殊地区等。

（五）常见故障问诊

1. 发动机部分

① 发动机故障指示灯
□常亮□有时亮□闪烁□其他（　）
② 无法启动
□无启动征兆□有启动征兆□启动后熄火□其他（　）
③ 启动困难
□冷车启动困难□热车启动困难□其他（　）
④ 怠速不良
□怠速不稳□怠速高□怠速低□怠速抖动□发动机负荷增加时怠速不良□其他（　）
⑤ 动力不足
□加速迟缓□回火□放炮□喘振□敲缸□其他（　）
⑥ 发动机熄火
□启动后立即熄火□加速时熄火□减速时熄火□空调工作时熄火
□挂挡时熄火□其他（　）
⑦ 发动机异响
□"咯咯"□嗤嗤□吱吱□其他（　）

2. 底盘故障
① 底盘异响
□轰轰声□啸叫声□吱嘎声□呼呼声□金属敲击声
□其他（　）
② 轮胎偏磨
□磨中间□磨两边□磨内侧□磨外侧□其他
③ 方向跑偏
□直线行驶时方向盘不正□手放掉往一边偏（△左△右）
□制动跑偏（△左△右）
④ 车身下塌（部位）
□左前□右前□左后□右后□上升
⑤ 抖动
□车身抖□方向盘抖□座椅抖□刹车抖□其他（　）
⑥ 漏油
□前部漏油□中间漏油□后部漏油□其他（　）

3. 电气部分故障
① 故障指示灯亮
□常亮□有时亮□闪烁
② 显示屏幕异常

□黑屏□白屏□红屏□闪屏

③ 音响系统异常

□没声音□扬声器杂音□其他（　）

④ 功能异常

□座椅□天窗□门锁□雨刮□其他（　）

⑤ 遥控失灵

□上锁□解锁□单独门锁□其他（　）

⑥ 蓄电池亏电

□遥控打不开□无法启动□仪表显示蓄电池过度放电

⑦ 电话

□蓝牙无法连接□连接后自动断开□其他（　）

⑧ 导航

□定位不准□误导□其他（　）

⑨ 燃油油位显示错误

□油表显示不准（△多△少）□油表显示里程不准（△多　△少）

⑩ 冷暖空调

□不制冷□不制热□一边冷一边热□制冷效果差□异响

4. 动力传动部分

① 异响

□"咯咯"□"嗤嗤"□"吱吱"

② 方向重

□向左打□向右打□都有□打不动

③ 方向偏

□直线行驶时方向盘不正□手放掉往一边偏□制动跑偏

④ 转向故障灯亮

□亮红灯□亮黄灯

5. 变速箱故障

① 发耸

□起步□加速□减速

② 异响

□"咕咕"声□变扭器"轰轰"声□其他（　）

③ 漏油

□车辆中部漏油□其他（　）

④ 故障灯亮

□亮黄灯□亮红灯□其他（　）

⑤ 加速无力

□无法跳挡□锁挡□其他（　　）

⑥ 变速箱过热

□亮黄灯□亮红灯□无法升挡□其他（　　）

⑦ 无法挂挡

□不能挂 D 挡□不能挂 P 挡□不能挂空挡□不能挂倒挡

6. 故障发生的条件

① 天气

□晴天□阴天□雨天□雪天□其他（　　）

② 地点

□高速公路□一般公路□市区□上坡□下坡□坑洼路面□转弯时□其他（　　）

③ 发动机工作温度

□冷车□暖车时□热车后□任何工作温度□其他（　　）

④ 发动机工况

□启动时□启动后□怠速□无负荷□中小负荷□大负荷

□车辆行驶速度（□匀速□加速□减速）□其他（　　）

⑤ 发动机转速

□怠速□中速运转□高速运转□所有转速下□特定转速：　　r/min

7. 车辆使用情况

① 经常行驶的道路条件

□城市道路□乡间道路□高速公路□快速路□其他（备注：　　）

② 行驶速度

□低速□高速□走走停停□其他（备注：　　km/h）

③ 变速箱挡位模式

□自动换挡模式□手动换挡模式□其他（备注：　　）

④ 汽油品质

□97＃汽油□93＃汽油□乙醇汽油□其他（备注：　　）

曾经发生过什么故障：＿＿＿＿＿＿＿＿＿＿

更换过哪些部件：＿＿＿＿＿＿＿＿＿＿

最近是否维修过

□是□否

维修后故障症状是否消失

□是□否

维修后是否产生其他异常现象

□是□否
维修后产生的其他故障
□是□否

二、制单

通过问诊确定维修项目后,维修服务顾问需要通过额定工时和材料价格估算维修费用,并要得到客户的签字确认。根据维修项目大小和费用高低,服务顾问需要与客户签订维修委托书或维修合同。维修服务顾问需要全面掌握制单流程、了解维修委托书或维修合同的内容以及签订委托书和合同的注意事项。

(一)制单流程(图 3-62)

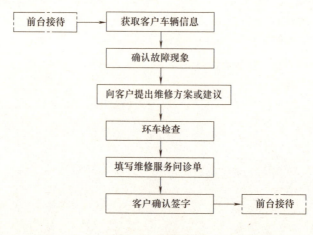

图 3-62 制单流程

(二)估时与估价

1. 维修费用估算

(1)维修费用 = 维修诊断费 + 检测费 + 材料费 + 工时费 + 加工费 + 其他费用。

(2)维修诊断费和检测费按诊断项目估算。

(3)材料费是指汽车维修过程中更换、修理的零配件以及消耗的原料(含材料、漆料、燃油料)费用。维修用的零配件和原材料的价格应按实际购入价格加上合理的进销差率制定。材料进销差率由维修企业自行制定。

(4)工时费是指维修工人在维修时所耗时间的费用,工时费估算可以用工时定额乘以工时单价进行估算,也可以根据维修项目进行估算。

(5)加工费为外加工费,根据实际发生情况估算。

(6) 其他费用是指应客户要求为抛锚车、事故车等提供的现场排障、施救、牵引服务等，维修企业可以按相关规定收取服务费用。

(7) 预估费用与实际发生费用相差不要大于10%。

如果只有在拆下零件或总成后才能准确地确定故障和与此相关的费用时，报价应当特别谨慎。因目前不解体检测、诊断技术尚不够完善，还无法在修前检测中精确判定总成内部零件的磨损或损坏程度，故在客户报修确定维修作业项目和签订合同时，应留有余地。即应说明总成解体，进行零件检验、分类后，方能最后确定零件（特别是曲轴、汽缸体等重要部件）的更换方案；到时应请车主到企业现场予以确认后，共同认定零件更换方案，并在合同中予以明确。这不但是对客户的尊重，同时也避免了今后结算时发生不必要的纠纷。

2. 维修时间估算

维修时间应包括维修作业和交车准备时间，对于需进一步故障检测的车辆，还应包括故障检测的时间。预估时间和实际时间相差不要超过30min。

确定维修时间和维修价格后，应及时告知客户。如果客户对费用感到吃惊或不满，应对此表示理解，并仔细分析所要进行的每一项工作，千万不要不理睬或讽刺挖苦。及时对客户的解释，会换来客户的理解。

(三) 派工单

派工单是客户与企业之间在维修和预付费用方面达成的协议，它明确了双方在维修服务过程中的权益，如果双方发生争议的话，派工单是最有法律效力的重要文件之一，见表3-8。

派工单记录了维修企业对客户车辆故障处理的详细说明，是维修技师对车辆进行维修的依据。维修派工单一般为三联，其中一联交付客户，作为客户提车时的凭证，客户结算提车时收回，另外两联用于维修车间派工及维修人员领料使用。派工单需客户签字方可生效。

1. 派工单主要内容

① 维修企业信息。

② 客户信息。

③ 车辆信息。

④ 维修作业信息。

⑤ 费用结算信息。

2. 任务委托书

任务委托书和派工单类似，记录了客户车辆的基本信息、修理工位及配件的信息，是维修站车间进行车辆修理的依据，也是之后财务结算的凭证。现在4S店大多都采用电子打印车辆维修任务委托书，如图3-63所示。

表 3-8　车辆委托估价维修派工单

车辆委托估价维修派工单

公司地址：　　　　　　　　　电话；　　　　　　　　　　　　传真：

客户信息		车辆信息	
单位/个人		车牌号		车架号码	
车主电话		车　型		发动机号	
送修人姓名		行驶里程		购车日期	
送修人电话		地址			

报修时间		承诺交车时间		修正时间		交修时间		完工时间	
故障现象简单描述		维修项目		工时费	开始时间	完工时间		作业人	

诊断完工时间：

序号	材料名称	数量	单价	金额	序号	材料名称	数量	单价	金额
1					6				
2					7				
3					8				
4					9				
5					10				

建议维修项目		维修大类 □一般维修　□保修　□返修　□其他
车辆路试情况		

维修费用预估	工时费		如果你同意本估计的预估费用,请签字确认！本费用为预估费用,实际费用以《车辆维修结算单》为准。客户签字：	维修类别 □PDI检查　□定期保养 □二保　□大修 □年审　□机电维修 □钣金　□油漆
	材料费			
	其他费			
	总　计			
追加信息	追加时间		本派工单共追加单据　　张	
	追加内容			

车辆清洁	项目	完成情况	检验员最后检查	
	车辆外部清洁、清洗		所有要求的工作都完成了吗？	□
	清洁车辆内部		车内外是否清洁？	□

检验员签字：　　　　　　日期：　　　　　服务顾问签字：　　　　　　日期：

3. 向客户解释维修项目，确认派工单

一般在问诊过程中，服务顾问已经针对维修项目和客户进行了详细沟通，但是在制单环节中，服务顾问仍需向客户逐项解释维修项目，并得到客户的确认，并告知客户预计的费用和时间，要求客户在派工单或维修委托书上签字，如图 3-64～图 3-66 所示。

图 3-63　车辆修理任务委托书

图 3-64　向客户解释维修项目

图 3-65　打印维修委托书

图 3-66　请客户签字

如果客户对维修项目和费用提出异议，服务顾问要向客户强调维修的必要性，特别要从车辆安全性上阐述。如果客户执意不予维修，应该尊重客户的决定，不能强迫客户维修，因为客户有是否维修的决定权。如果客户不予维修，服务顾问应该在派工单上注明不予维修。

服务顾问应告知客户预计维修时间和交车时间，预计的维修时间包括维修等待时间、维修作业时间和交车准备时间。如果客户时间紧迫，服务顾问应询问客户能否不洗车，从而实现提前交车。如果客户没有预约，此时应再次向客户强调预约的好处，实现企业高的预约率。

（四）维修合同

汽车维修合同是承修、托修双方当事人之间设定、变更、终止民事法律关系的契约，通过合同条款来确定当事人之间的权利和义务。汽车维修合同的使用可以维护汽车维修市场秩序；促进汽车维修企业向专业化、联合化的方向发展；有利于汽车维修企业改进经营管理。

在汽车维修行业发展初期，没有政府或行业统一指导合同，大多消费者和维修商无订立的书面合同或者仅以简易维修单为证据，一旦出现纠纷，双方各执一词，其所约定的权利义务难以确认。因此各地政府或行业制订了统一指导合同。经营者对机动车进行二级维护、总成修理、整车修理的，宜使用当地主管部门推荐的汽车维修合同示范文本。

1. 维修合同主要内容

① 经营者、客户的名称。
② 签约日期。
③ 车辆基本信息。
④ 维修项目。
⑤ 收费标准、预计维修费用及费用超出的解决方式。
⑥ 交车日期、地点、方式。
⑦ 质量保证期。
⑧ 双方权利和义务。

2. 机动车维修合同适用范围

① 汽车大修。
② 汽车主要总成大修。
③ 汽车进行二级维护。
④ 汽车维修的预算费在 2000 元以上的。

3. 签订机动车维修合同注意事项

（1）认真听取客户关于汽车故障的描述，弄清楚客户真实的维修需求。不要造成对故障的误诊断。

(2) 在有必要的情况下，要与维修技师充分沟通，或者借助于检测设备，弄清楚具体的维修项目、大概需要的维修时间及维修价格。

(3) 向客户重新描述所判断的故障，以确认对故障的理解以及维修技师的诊断分析是否正确，初步确定的维修项目是否合理。假如对故障的判断出现了偏差，可以与客户一同试车，以便准确确认故障。

4. 机动车维修合同规范格式（表3-9）

表3-9　机动车维修合同

机动车维修合同

合同编号：

甲方(承修方)：　　　　　乙方(托修方)：
　　　　　　　　　　　　乙方营业执照号(组织机
　　　　　　　　　　　　构代码或个人身份证号)：
甲方联系方式：　　　　　乙方联系方式：
合同签订地点：

甲、乙双方本着平等自愿、等价有偿原则，根据《中华人民共和国合同法》、《××省机动车维修管理条例》、交通部2005年第7号令《机动车维修管理规定》等有关内容，经诚信协商，签订以下机动车维修合同。

一、有关维修的约定

1. 托修车辆基本信息

车牌号码		号牌颜色		品牌型号	
车架号/VIN				发动机号码	
行驶里程(公里)		注册登记日期		车身颜色	

2. 托修车辆维修项目：_____。
3. 配件提供方式。车辆维修需更换配件的，由_____提供。配件选用_____(原厂配件、副厂配件、旧配件、修复配件)。如甲乙双方混合提供或混合选用，附清单说明。
4. 甲、乙双方约定维修工时费收费标准按下列第____种方法计算。
(1) 工时单价为____元/工时。
(2) 维修工时费为_____元。
(3) 混合采用上述两种计算方法(附具体维修项目和对应收费标准)。
预计维修费总金额为人民币(大写)_____元，乙方预付金额为人民币(大写)_____元。甲方在维修过程中，确需增加维修项目、扩大维修范围的，应事先征得乙方同意并签订补充维修合同。补充维修合同与本合同具有同等法律效力。
上述费用为概算费用，结算时凭结算清单，按实际发生金额结算。
5. 自合同签订之日起____日内，乙方应将车辆送至甲方维修。维修期限自车辆进厂办理完交接手续之日起____日内，若配件由乙方自备，则维修期限应从乙方向甲方交付自备配件之日起计算。维修期限届满或在维修期限内经甲方通知，乙方应在_____日内到甲方验收车辆。验收标准为_____，验收方式为_____。验收合格，乙方结清费用后接车。
6. 结算方式为_____。结算期限为乙方验收合格之日起____日内。
7. 维修车辆的质量保证期为_____公里或_____日。质量保证期从维修竣工交付之日起计算，以行驶里程或日期指标先达到者为准。本合同约定的质量保证期可以高于，但不得低于有关法规、规章规定的机动车维修竣工出厂质量保证期。

续表

在质量保证期内,车辆因同一故障或者维修项目经两次修理仍不能正常使用的,甲、乙双方应协商确定其他机动车维修经营者进行修理,相应修理费用由甲方承担。

8. 甲方或乙方委托代理人签订维修合同的,应出具授权委托书,写明委托事项及代理权限。

9. 甲、乙双方协商约定,若乙方未在规定的时间内结清维修费用,甲方对该修竣车辆(享有,不享有)留置权。若甲方享有留置权,则乙方未在规定的时间内支付维修费用,并经甲方催告后自支付期限届满之日起＿＿＿个月(至少两个月)内仍未支付维修费用的,甲方有权就该送修车辆与乙方协议折价,或将该送修车辆拍卖或变卖后优先受偿维修费用。该送修车辆折价、拍卖或变卖后,其价款超过维修费用部分归乙方所有,不足部分由乙方继续清偿。

乙方可在签订机动车维修合同过程中,与甲方约定排除甲方对该送修车辆享有留置权。

二、双方权利义务

甲方权利义务

1. 甲方应按照国家有关维修标准和规范或双方约定的其他质量要求维修车辆。

2. 甲方不得使用假冒伪劣配件维修车辆,使用旧配件或修复配件维修车辆的,该配件应达到相关产品的质量标准,并征得乙方书面同意。因甲方提供的配件原因造成车辆维修质量问题的,甲方应承担损害赔偿责任。

3. 若配件由乙方提供,对无配件合格证明或配件有表面瑕疵的,甲方应拒绝使用,并要求乙方尽快重新提供配件。维修期限自乙方提供合格的自备配件之日起开始计算。

4. 未经乙方同意,甲方不得擅自更换由乙方提供的配件。对于不需要更换的零部件,甲方不得更换。

5. 甲方应妥善保管送修车辆及乙方提供的配件。因保管不善造成配件损伤、毁坏、灭失的,甲方应承担相应的赔偿责任。

6. 甲方向乙方交付修竣车辆时,应向乙方提供结算票据、维修结算清单和维修记录,车辆进行二级维护、总成修理、整车修理的,甲方还需建立维修档案并向乙方提供《机动车维修竣工出厂合格证》。

7. 甲方应以自己的设备、技术和人员维修车辆。若甲方将车辆交由第三人维修,应经乙方书面同意。未经乙方同意甲方将车辆交由第三人维修,乙方有权解除合同,由此产生的法律责任由甲方承担。无论乙方是否同意,甲方均应承担由该第三人维修车辆所产生的法律责任。

8. 甲方收取维修费用不得超过经当地道路运输管理机构备案并对外公示的维修收费项目及收费标准。

9. 甲方有权要求乙方支付维修费用。

乙方权利义务

1. 乙方应在规定的时间内向甲方交付维修车辆、提供自备配件、验收修竣车辆并接车。因乙方迟延验收车辆或迟延接车,车辆因不可抗力毁损灭失的风险由乙方自行承担;甲方因乙方迟延而保管车辆产生的合理费用由乙方承担。

2. 车辆经验收合格的,乙方应按约定向甲方支付维修费用并接车。

3. 送修车辆为事故车,乙方应向甲方提供事故责任认定书或事故调解协议等有效证明。

4. 乙方自备配件的,应当提供配件合格证明。因自备配件原因造成车辆维修质量问题的,乙方应自行承担责任。乙方支付费用更换的配件,有权要求取回旧配件。

5. 车辆进行二级维护、总成修理、整车修理的,若甲方未签发《机动车维修竣工出厂合格证》,乙方有权拒绝支付维修费用。

6. 甲方不出具规定的结算票据、维修结算清单和维修记录,乙方有权拒绝支付维修费用。

7. 甲方在维修过程中需要乙方提供协助的,乙方应当履行协助义务。

三、其他条款

1. 维修合同签订后,任何一方不得擅自变更或解除。因擅自变更或解除合同使一方遭受损失的,除依法可以免责外,应由责任方负责赔偿。

2. 甲、乙双方因不可抗力不能履行合同的,可部分或者全部免除责任。当事人迟延履行后发生不可抗力,不能免除责任。

3. 双方约定的违约金为预计维修金额的＿＿＿＿＿＿＿%。

续表

4. 双方因履行合同产生的争议可由双方协商解决,也可由双方共同向有关部门申请调解。双方还可约定以下第____种方式解决合同争议:
① 向_____申请仲裁;②向法院起诉。
合同成立或生效与否以及合同的变更与解除,均不影响本争议解决条款的效力。

5. 双方约定的其他条款:
1)有关燃、润料提供方式及由此产生责任归属的约定:

2)有关甲方逾期修竣车辆赔偿及是否提供代用车辆的约定:

3)有关维修车辆其他质量要求的约定:

4)其他:

6. 本合同正本一式两份,甲、乙双方各执一份。合同经甲、乙双方签章后生效。

甲方:(签章)   乙方:(签章)
法定代表人: 法定代表人:
代理人: 代理人:
日期: 日期:

说 明

一、凡本合同所附的配件选用情况清单、维修项目及收费标准清单和双方约定的其他条款均为合同组成部分。
二、机动车维修实行竣工出厂质量保证期制度。汽车和危险货物运输车辆整车修理或总成修理质量保证期为车辆行驶 20000 公里或者 100 日;二级维护质量保证期为车辆行驶 5000 公里或者 30 日;一级维护、小修及专项修理质量保证期为车辆行驶 2000 公里或者 10 日。摩托车整车修理或总成修理质量保证期为摩托车行驶 7000 公里或者 80 日;维护、小修及专项修理质量保证期为摩托车行驶 800 公里或者 10 日。其他机动车整车修理或总成修理质量保证期为机动车行驶 6000 公里或者 60 日;维护、小修及专项修理质量保证期为机动车行驶 700 公里或者 7 日。质量保证期中行驶里程和日期指标,以先达到者为准。机动车维修质量保证期自机动车维修竣工出厂之日起计算。如甲方对外承诺的质量保证期高于上述标准,则应当执行甲方承诺的质量保证期。

5. 机动车维修合同填写规范

(1) 维修合同编号由服务经理下发和管理,每年一次序列号。

(2) 承修方、托修方必须填写单位全称,不能填写简称,私家车托修方填写客户姓名。

(3) 联系方式要填写有效电话号码或有效投寄地址。

(4) 登记车辆基本信息及要素要全,不能遗漏。

(5) 维修项目必须有清晰的项目定性。

(6) 配件最好由甲方提供,并注明是用原厂配件还是副厂配件。

(7) 工时费收费标准宜选用第 3 种方法计算。

(8) 维修费用总金额应大写,乙方预付维修费用应将预付金额填写到合作中，如果没有预付应在合同中"乙方预付金额为人民币（大写）元"空白处填写"未付预付款"。

（9）注明维修期间和验收车辆时间，验收合格标准参照原厂提供的维修标准，或双方其他的约定。

（10）约定结算方式、质保期时间和里程。

（11）本公司签订人必须为服务经理以上主管人员。

（五）进行客户安排

制单完成以后，服务顾问首先要进行客户安排，询问客户等修的方式。如果客户要求离店等修，服务顾问要为客户提供便利并与客户约定维修作业完成后的联系方式；如果客户活动区域在市区内，则征求客户意见后为客户联系出租车；如果客户活动事宜较多，则可询问客户是否需要待用车；客户离店时，服务顾问应恭送客户离店，并目送客户离去。

如果客户提出在店等待，服务顾问应引导客户至休息区，并请休息室服务生提供便利服务。休息室服务生应告知客户休息区可提供哪些免费服务，如免费茶水、饮料、糖果、免费上网。同时还要告知客户可利用休息区监控视频查看车辆状态，观看维修操作实况。如客户在午饭时间仍在休息区等待，休息区服务生应给客户免费订餐。

第四节
车辆维修与质检

车辆维修是售后服务的核心服务环节，车辆维修质检是保证维修质量的关键，维修服务顾问需要全面了解维修活动的各个环节，初步了解各个维修项目的维修内容，才能快速有效地代表客户与维修技师进行沟通交流。同时，维修服务顾问还必须掌握质检流程和内容，才能在内部交车过程中抓住检查要点，确保车辆最终维修效果。

一、车辆维修

（一）车辆维修流程（图 3-67）

（二）维修派工

在维修派工时，可以由维修服务顾问直接派工，也可以通过车间调度来分配。大多数维修中心采用的还是维修车间里的调度来分配工作。调度员能够按照

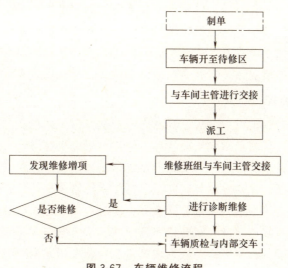

图 3-67　车辆维修流程

施工项目和时间、客户的要求和维修技师的技术状况灵活地安排施工任务，并能根据施工项目、时间和施工进度情况提前与服务顾问确定交车时间，满足客户要求。

影响车辆派工的三个因素如下。

1. 时间

在预约的时候就应考虑每辆车交车时间，每件工作所需的时间。与此同时，还必须考虑还有未经预约进厂的车辆，应留出 15min 用以预防意料之外的事情发生，万一有意外的事情出现，则可以利用这 15min 来处理。

2. 人员

派工人员要知道每天有多少人上班，每个技工能够胜任的工作，以及他们做这些工作的效率。如果把一项工作交给一个不能胜任的工人，就会影响工作速度效率。通常，在比较大的 4S 店，都会有一张表格，记录技工的专长和接受过的培训。维修服务顾问或者调度应将工作安排给适合的熟练技工。

各种工作难易度和辛苦程度不一样，在派工过程中还要保证各技师工作任务的平衡。不能总是给某个人安排好做的工作，其他的人都安排不好做的工作。不公平的工作分配往往会引起内部的冲突。

应优先安排返修、预约的车辆。对于返修车辆，车间主管先分析返修原因，如果返修为非人为因素，应交给原维修技师优先安排维修；如果属于人为原因，则将此项维修工作交给更高水平的维修技师来完成。

3. 材料设备

在派工过程中要考虑设备的情况，哪些设备已经损坏，哪些设备已经被占用，大概还要占用多长时间。特别是一些大型设备和维修专用设备，由于数量有限，如果安排不当就会出现维修车辆和维修技工等待维修设备而延误交车。维修过程中，如所需配件库存不足需调拨或订货时，应先征得客户意见。待客户同意采取调拨或订货的情况后，及时通知配件采购员，尽快调拨或订货。

（三）进度监控

进入维修环节后，客户一般已经离店或者在休息区休息。在维修区一般都配有电子显示屏幕，可显示车辆所处状态（等待维修、正在维修、质检、洗车等），当车辆正在维修时，显示屏还可实时显示维修画面，休息区和维修车间之间一般都安装了透明玻璃，客户在休息区即可了解车辆维修情况。部分客户可能会对维修过程感兴趣，会要求进入维修车间查看，此时应劝说客户尽量在休息区观看。

车间里车辆不断地移动，举升机不断上下举升车辆，从安全的角度上来说，不建议客户进车间。休息区有一块大玻璃可以看到车间，客户不用进入车间便可看到车辆的维修状态，如果必须进入车间与维修人员直接沟通，服务顾问可陪同客户进入车间。

维修服务顾问也应及时关注维修进度，并适时告知客户。当服务顾问有机会进入到维修车间时，应查看车辆维修进度，并跟技工沟通，确认维修还需的时间，是否能够正点完成工作任务。离店客户常常在中午会打电话询问车辆维修状况，如果预先进入车间了解情况，会给客户一个明确的答复，提高客户满意度。

（四）维修作业

维修作业环节属于维修企业内部环节，维修企业的经营业绩和车辆维修质量主要由此环节产生，因此这个环节是维修企业管理的核心环节。为保证维修作业的效率和质量应注意以下几方面工作。

1. 保护好客户车辆

维修人员在作业中应当爱惜客户的车辆，注意车辆的防护与清洁卫生。禁止在客户的车内吃东西、喝水、吸烟，禁止接触、乱动与操作项目无关的地方。作业前需要给车辆加上翼子板护垫、座椅护套、方向盘护套、脚垫等防护用具。维修作业时应当注意文明生产、文明维修。做到零件、工具、油水"三不落地"，随时保持维修现场的整洁，保持维修企业的良好形象。

2. 按照维修规范操作

在常规维护检查作业时，维护人员应当严格按照维护检查技术规范进行，更换、添加、检查、紧固等有关项目应做到仔细全面、准确到位，最后填写维护检查单。在故障维修作业中应当按照维修手册以及有关操作程序进行检修，并使用相关监测仪器和专用工具，不能只凭老经验、土办法、走捷径、违规作业。

3. 做好维修结束工作

维修完毕后，维修技师必须对本次完成的作业进行自检，并将客户车辆上的电台和时钟等用电设备进行复位。将更换下来的旧配件放到指定处，以便服务顾问处理。将换下的索赔配件交付索赔员，以便日后归还相应的汽车公司。维修技师应在工单上记录下修理的内容、时间、车辆今后使用方面的建议和配件更换的情况，并签名。将剩余的未使用的配件保管好，向车间主管汇报情况。

（五）维修增项处理

维修增项可能是客户自己追加项目，也可能是维修技师在预检和维修过程中发现需要追加维修项目，大多数维修增项都是第二种情况。当客户自己追加维修项目时，服务顾问需要将价格、零件向客户讲清楚，同时还要告诉客户由于追加的项目会增加维修时间，交车时间也要向后顺延。当维修企业提出维修增项时，情况会复杂得多，需要服务顾问积极与客户沟通，确保车辆维修质量。

当维修企业提出维修增项时，服务顾问首先要将诊断和发现过程向客户进行详细介绍，在可能情况下可以向客户现场展示故障或损坏部件。如客户本来要求更换后刹车片，拆开后刹车系统时发现油封漏油，则可以让客户现场查看漏油的状况。

由于客户可能对汽车各部件功用不甚了解，当维修企业提出维修增项时，客户往往不太重视，认为车辆可以继续行驶，不需及时维修。为了确保汽车安全可靠行驶，服务顾问此时应向客户指出保持车辆运行状态良好的重要性，以免以后发生故障或者进行下次维修承担更高的维修费用，同时说明在4S店进行该项工作的优越性。但是，服务顾问不能强迫客户进行增项维修，最终由客户来决定。如遇不需立即增项维修的项目，服务顾问应给客户一些积极建议。

当客户同意追加维修项目时，服务顾问要将增加的维修费用和使用的零件情况详细告知客户，并要求客户签字确认。只有签字确认的追加项目才能实施，同时将追加项目更新到派工单中去。如果客户执意不增加维修项目，也必须把客户不同意追加的维修项目或者服务登记下来，并要求客户签字确认。如果客户已经离开，可以通过电话告知客户，无论客户同意或者不同意，都必须记录下来，并备注电话时间。

部分增项服务应对话术如下。

1. 为什么更换机油时要更换机滤？

机油滤芯内部是采用特殊的微孔滤纸制成的，机油使用过程中产生的油泥及发动机磨损下来的杂质会附着在上面，其过滤效果会下降，如果只能换机油而不更换机滤，有将近1/4的旧机油不能被更换掉，不仅增加了磨损的机会，而且还降低了新机油的使用性能。

2. 为什么要更换空滤？

空滤过脏会阻碍新鲜空气进入到发动机，减少了空气进入量，从而影响空气与汽油的混合比例，俗称"空燃比异常"，造成混合气体不能完全燃烧，会增加油耗，造成发动机功率不足；过脏的空滤也不能有效过滤空气中比如像氧化硅等硬物质，这些物质的硬度远远超过金属，将会划伤汽缸壁，加剧发动机磨损，从而降低发动机使用寿命。

3. 为什么要进行发动机深度保养功效？

通过发动机的深度保养，可以清除沉积在发动机内部的油泥和积炭，达到清洗发动机的目的，使脏的发动机更干净。深度保养中使用的发动机保护剂可以减少机械磨损，降低发动机噪声，提高橡胶件的使用寿命，最终达到提高燃油经济性及延长发动机使用寿命的目的。

4. 为什么要做燃油系统清洗？

车辆使用燃油的成分中不可避免含有硫、胶质、蜡质及其他杂质等，再加上空气中的尘埃，燃烧后产生不可避免的积炭。如果车辆是经常行驶在市区，车辆频繁的启、停，发动机的温度普遍偏低，会产生更多的积炭。这些物质积聚在喷油嘴和点火器周围，将造成发动机动力下降，启动困难，油耗升高等现象。

5. 为什么要使用空调系统清洗剂？

清洗剂中的有效成分通过压力喷射清除尘土和其他杂质，还能杀灭空调系统中的细菌，确保输送的空气新鲜无异味。且清洗剂具有良好的挥发性能，完成操作后，打开空调系统吹扫5～10min即可。

6. 为什么要更换制动液？

制动液是用在制动系统中，以液压的方式传递制动力，使车轮制动器实现制动作用的液体。制动液极易吸收空气中的水分，在使用一段时间后会出现沸点降低、氧化变质等情况。变质的液压油容易腐蚀ABS泵体等昂贵的精密部件，造成后续维修成本加大。

7. 为什么要更换全车水管和皮带？

水管和皮带都是橡胶件，橡胶在自然条件下会存在老化的现象，虽然车辆的橡胶类配件是经过厂方严格的筛选和测试而生产出来的，质量上都有保证，但还是不能改变它作为橡胶件的特性，使用一定期限后还是会存在一定老化现象，使用过程中一旦水管因为老化而爆裂，发动机的冷却液会很快泄漏，从而导致发动机的温度过高，发动机的温度过高会产生发动机抱缸、缸盖变形等严重的故障，甚至使发动机报废。另外，如果发动机的皮带在使用过程中因为橡胶老化而断裂，会使由皮带驱动的冷却液水泵不工作，发动机的冷却液不能循环散热，导致发动机的温度过高而产生以上同样的问题。

二、车辆质检与内部交车

车辆维修质量主要体现在是否通过维修作业使汽车原有技术性能得到恢复，

并符合竣工出厂技术条件。车辆维修后需通过维修车间三级检验,并与维修服务顾问进行内部交车后才能进入交车环节。维修服务顾问必须学习车辆质检相关规定,掌握车辆质检的各个环节及工作内容,并能按要求与维修车间进行内部交车。

(一) 维修质检与内部交车流程(图 3-68)

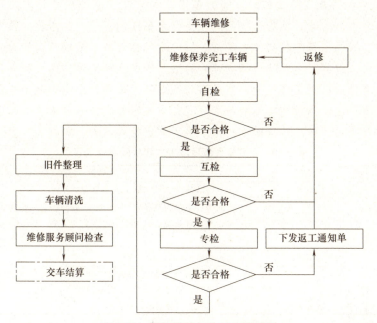

图 3-68　维修质检与内部交车流程

(二) 维修质检分类

1. 按汽车维修工艺分

按汽车维修工艺可分为维修过程检验和竣工出厂检验。

(1) 维修过程检验　汽车维修是一项复杂的技术工作,包含多个工序,当下一维修工序已经进行,前一维修工序的维修质量就难以得到检测。因此,在维修过程中应进行工序检验,防止不合格的零件或总成装配到整车上,防止不规范不合格的维修工艺影响维修质量。在维修过程中应根据维修工艺对需要控制的关键部位和薄弱环节设置质量控制点,质量控制点设在关键、重要特性所在的工序或项目中,保证质量的稳定。如重复故障及合格率低的工序,对下一道维修工序影响大的工序都应多设置几个检验点,使影响工序质量的因素处于受控状态。汽车维修过程检验的主要内容如下。

① 零件分类检验。零件分类检验就是在汽车或总成解体并进行清洗后,由几名专职检验员按技术标准对集中在一起的零件进行分类检验,将拆卸下来的旧

零件分为可用零件、需修零件和报废零件三类。

可用零件是指虽有一定的损伤,但其尺寸及形状位置误差均在允许范围内,符合大修技术标准,仍可继续使用的零件;需修零件是指零件通过修理可以达到大修技术标准,且保证使用寿命又符合经济要求;报废零件是指零件已无法修复或修复成本不符合经济要求。

② 零件修理加工质量检验。即就车修理的零件在修理加工后,依据汽车维修技术标准进行检验,检验合格后的才允许装车使用。检验的主要内容为几何精度的检验、表面质量的检验、力学性能的检验和隐蔽缺陷的检验;检验的方法有感觉检验法、仪器工具检验法和物理检验法。质量合格的零件应具有可靠的与汽车技术性能相适应的工作性能,又具有与汽车其他零件相平衡的使用寿命。为保证检验质量,应严格掌握零件的技术标准,并按零件的技术要求正确选用相应的检验设备及工具,提高检验操作技术水平,防止检验误差,见表 3-10。

表 3-10 部分零件修理加工过程检验必检项目

部位		项目
发动机	汽缸镗磨	汽缸圆柱度、圆度、缸壁表面粗糙度
	曲轴与轴承	曲轴各主轴颈直径差、中间主轴径跳、正时齿轮轴颈径跳、飞轮壳孔对曲轴心线的径跳、飞轮壳端跳、飞轮平面度、清洁情况
	活塞	活塞变形检查、清洁情况
底盘	转向系统	皮带轮轴颈径跳、油封轴颈径跳、各轴颈圆柱度、主轴颈及连杆轴颈表面粗糙度、轴瓦表面粗糙度
	制动系统	制动鼓直径差、制动蹄厚度

③ 各总成装配及调试的过程检验。不仅仅维修零件影响维修质量,维修过程也会影响维修质量。如有相同零件但安装位置不能互换,一旦装错会影响汽车性能。关键部位各组件的配合间隙,如活塞与汽缸、曲轴与轴承及轴类零件的轴向间隙、轴向间隙等配合间隙也必须严格检验,这些关键工序或关键部分应多设几个控制点,保证维修质量,见表 3-11。

表 3-11 部分总成装配及调试的过程检验必检项目

部位		项目
发动机	曲轴与轴承	活塞偏缸
	活塞	活塞间隙检查
底盘	四轮定位	前束、主销内倾、主销后倾、前轮外倾

汽车维修过程检验一般由维修技师自检、维修技师互检和专职检验相结合。对于新购总成件,必须依据标准检验,杜绝假冒伪劣配件装入总成或车辆。经检验不合格的作业项目,需重新作业,不得进入下一道工序。对于影响安全行车的零部件,一定要严格控制使用标准,对不符要求的零部件应予以维修或更换,及时通知服务顾问,并协助服务顾问向客户做好解释工作。

（2）竣工出厂检验　汽车维修竣工出厂检验一般在汽车维修竣工后、交车（或送汽车维修质量监督检验站或检测中心检测）前进行，对汽车维修质量的最后把关，因此必须由专职汽车维修质量检验员承担。检验人员必须依据汽车维修技术标准逐项、全面地进行检查。检验需对照维修质量技术标准，全面检查汽车，测试有关性能参数。汽车检验合格后签发《汽车维修竣工出厂合格证》，并向用户交付有关技术资料。汽车维修竣工出厂后在质量保证期内汽车发生故障或损坏，承修方和托修方按有关规定划分和承担相应的责任，见表3-12。

表3-12　汽车维修行业发动机大修竣工检验单

编号：

进厂编号		厂牌车型				车牌照号码			
发动机编号		竣工日期				主修人			
发动机外观、装备及性能									
检验内容及结果：					检验内容及结果：				
发动机外观：					急速转速/r·min^{-1}				
喷（涂）漆：					运转状况： 急速：　中速：　高速：　加速及过渡				
四漏检查： 油：　水：　电：　气：					发动机异响：				
螺栓螺母：					机油压力/MPa 急速：　　　　高速：				
润滑油：					汽缸压力/MPa				
					1	2	3	4	5	6	7	8
					汽缸压力差/MPa				
空滤器：		调速率（柴油机）：			（汽油机）真空度/kPa 急速：　　　波动范围：				
					（柴油机）排放污染物：				
限速装置：					（汽油机）	急速	r/min	高急速	r/min
						CO/%	HC/10^{-6}	CO/%	HC/10^{-6}
启动性能：					额定功率/kW		最大转矩/N·m		
电控系统有无故障码显示：					发动机燃油消耗率/g·(kW·h)$^{-1}$				
电控系统有无故障码显示：					发动机噪声：				
备注：									
竣工检验员：							年　月　日		

2. 按检验职责分

按检验职责可分为自检、互检、专检和抽检

（1）自检　自检指维修人员对自己操作完成的工作，认真地对照汽车维修技术标准，自我进行质量评定（是否合格，分析原因，提出改进措施，杜绝不合格维修质量)。自检需查看客户要求的各项服务内容是否完成,尤其应该认真细致地检查维修工作,检查是否存在问题。如果发现还存在问题,须及时解决。若有问题且影响到与客户的维修项目及费用或交车时间,必须及时反馈给维修服务顾问,以便及时向客户汇报。对于大修车辆,维修技师须同车间主管/质检员进行过程检验,检测发动机主要装配数据的测量,并填写《发动机大修检验单》中的相关内容。自检合格之后在维修合同上签字确认,把检查完成事项填入管理进度看板,与下一步质检的班组组长/质检员进行车辆交接,将工单、更换的配件、钥匙等交于该质检员。自检是汽车维修中最直接、最基本、最全面的检验。自检中维修人员对维修质量进行自我评定,坚持实事求是的态度是自检的关键,这一环节保证了,整个汽车维修质量才有保证。如图3-69所示。

图 3-69 自检

(2) 互检 互检是维修技师相互对所承担的作业项目进行检验。互检的形式有班组质检员对本组的技师的抽检,下道工序对上道工序的检验,以及工序中的互相检验。如汽车二级维护作业中,安装制动摩擦片时对制动鼓(或制动盘)的工作表面加工质量进行检验。过程检验员对维修过程中维修操作人员维修质量的抽检也属于互检范围。互检重点是对关键维修部位维修质量进行抽检把关,以免给后道维修工序的工作甚至维修竣工汽车造成不必要的后患、故障和返工。

质检结果须反馈给维修技师,总结维修经验教训,为以后的维修作业提供借鉴,以提高维修技师的技术水平,避免再次出现同样的问题。检验合格后,在维修合同上签名,并与车间主管/质检人员进行质检工作交接。如图3-70所示。

(3) 专检 专职检验指对汽车维修过程中的关键点(维修质量控制点)进行预防性检验及整车维修竣工出厂的把关性总检验。其中包括对维修过程中管件工序的检验,对材料、配件的入库检验,对竣工车辆的出厂检验等。专职检验应设置在质量容易波动,对质量影响较大的关键工序,检验手段或检验技术比较复杂,靠自检、互检无法保证质量的工序,和生产过程的末道工序,竣工出厂或以

图 3-70　互检

后难以再检验的项目。汽车维修企业应根据其规模配备足够的专职过程检验员和竣工出厂的总检验员,严把汽车维修质量关。

专检时应依据维修合同上的项目进行逐项验收,并核实有无漏项;对轮胎螺钉的紧固进行抽查;检查维修部位有无四漏现象;对于有关安全方面的维修项目,车间主管/质检员必须进行路试检测;依据《接车问诊单》的记录,对车辆进行有无检修过程中人为损坏的检查。检验维修项目符合相关的技术规范;对于检测不合格项,技术总监/质检员开具《维修作业返修单》,交维修班组长重新检查和维修,直至符合技术规范为止;对完工车辆的清洁状况进行检查;做好最终检验记录,并在维修工单和合同上签字确认;将维修合同、工单和车钥匙交给维修服务顾问,交代相关事宜(如已更换旧件的存放位置),告知维修服务顾问车辆已修好,可安排交车,如图 3-71 所示。

图 3-71　专检

(4) 抽检　发动机大修或价值较高的总成修理(镗缸、磨轴或者总成件修理),技术总监要亲自测量各技术参数并进行过程检验,车辆完工出厂前需要技术总监签字确认;车间主管应会同技术总监联合随机抽检已终检的车辆。

(三) 汽车维修质量检验的工作步骤

汽车维修质量检验一般包括如下工作步骤。

1. 明确汽车维修质量要求

根据汽车维修技术标准和考核汽车技术状态的指标，明确检验的项目和各项质量标准。

2. 测试

用一定的方法和手段测试维修汽车或总成有关技术性能参数，得到质量特性值。

3. 比较

将测试得到的反映质量特性值的数据同质量标准要求作比较，确定是否符合汽车维修质量要求。

4. 判定

根据比较的结果判定汽车或总成维修质量是否合格。

5. 处理

对维修质量合格的汽车发放《汽车维修竣工出厂合格证》，对不合格的维修汽车，记录所测得的数值和判定的结果，查找原因并进行反馈，以便促使维修工序改进质量。

(四) 质检结果处理

1. 质检合格的车辆

质检合格的车辆可直接进入内部交车环节。

2. 维修检验不合格的处理

维修检验不合格指各级检验中发生的不合格项目。对于自检、互检发生的不合格项目由各班组班组长负责自行采取相应的纠正措施。但对于技术水平、配件、维修检测设备等原因造成的班组不能解决的，应当及时报告车间主管，由车间主管统一调度安排。

3. 内部返修的处理

专职检验（最终检验）中发现的不合格，质检人员应当做好质检记录，并把不合格车辆返回原承修班组重新维修，告知班组长终检时发现的问题，并要求班组长签字确认。对于终检的不合格车辆，经维修班组返修并检验后再次由质检员重新质检，合格后方可交车。

(五) 内部交车

1. 服务顾问在内部交车过程中身份定位

在预约和接待过程中，维修服务顾问都是代表公司与客户进行谈判，但是当车辆进入维修车间后，服务顾问的身份有一定转变，既要代表公司和客户进行沟通，还要代表客户来关心他的车辆，并监督维修车间的工作。车辆维修完毕进行质量检查的时候,维修服务顾问也是代表客户去和车间沟通的。

2. 内部交车准备

(1) 整理旧件 若维修工单上注明客户需要将旧件带走,维修技师则应将旧件擦拭干净,包装好,放在车上或放在指定的位置,如图3-72所示。

(2) 车辆清洁 维修车辆经质量检查合格后,应该对车内外进行必要的清洁,以保证车辆交付给顾客时维修完好、内外整洁、符合顾客要求。车辆清洁以后要通知维修服务顾问,如图3-73所示。

图3-72 整理旧件

图3-73 车辆清洁

3. 内部交车

总质检合格后,终检人员将钥匙交给洗车人员,请洗车人员对车辆进行清洗工作。洗车人员洗车完毕后,车间调度员通知维修服务顾问,并将完工车辆、车钥匙和行驶证等一起移交给维修服务顾问。

车间主管/质检员将维修合格的车辆移交给维修服务顾问时,维修服务顾问应对车辆的维修项目、更换的配件、旧件进行检查,确保任务的全面完成,如图3-74所示。

图3-74 内部交车

对于保修期内的车辆，客户反馈有维修质量问题的，维修服务顾问在第一时间通知车间主管/质检员，同时调出该车维修档案，供接车参考。

第五节 交车结算

一、交车准备与陪同客户验车

在交车准备过程中，维修服务顾问应认真检查车辆情况，确认车辆的各个状态，准备好各种所需单据。认真陪同客户验车，介绍维修过程和维修情况，检验维修效果，展示旧件，并向客户提供其他相关信息。

维修服务顾问应掌握交车准备和陪同客户验车的流程，知道如何准备车辆和准备哪些单据，并能知道向客户提供哪些信息，熟悉相关话术。

（一）交车准备及陪同客户验车流程（图 3-75）

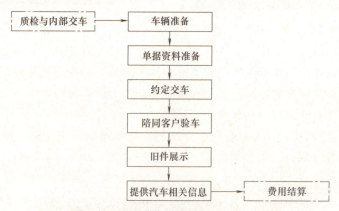

图 3-75　交车准备及陪同客户验车流程

（二）交车准备

1. 车辆准备

（1）车辆准备工作内容

① 检查竣工车辆。

② 确认已完成所有维修内容。

③ 确认故障已经修复。

④ 确保车况安全良好、各部液位正常。

⑤ 检查车辆清洁状况。

⑥ 检查确认客户更换的旧件。

⑦ 确定车辆停车位置，便于陪同客户交车时易于找到。

(2) 车辆准备注意事项

① 任何不清楚的地方，应询问维修技师。并确认试车过程中车辆的状况。对于返修工作，要特别注意确定是否已真正解决了返修的问题。

② 在维修过程中如果拆卸过收音机或者调整过收音机频段，在维修完毕之后应调回到原来频段。

③ 在驾驶室调整之前应做好原位置标志，当维修工作结束之后，应按照原位置标志恢复到驾驶室座椅原来的位置。

④ 车辆准备过程中还应检测烟灰缸里的烟灰是否已经清理干净，汽车时钟是否调整正确。

⑤ 竣工车辆停时应该头朝客户离开方向。

2. 单据资料准备

(1) 交车前应准备如下单据资料

① 维修服务委托书或维修合同。

② 施工单。

③ 结算单。

④ 质检单。

⑤ 维修出厂合格证。

⑥ 保养检测单。

⑦ 领料单。

⑧ 行驶证。

⑨ 保养手册。

⑩ 车钥匙。

(2) 准备单据资料注意事项

① 核对维修服务委托书或维修合同，确认维修项目全部完成，并检查维修说明。

② 核对质检单和机动车维修竣工出厂合格证，维修质量不合格的车不准出厂。(二级维护、总成修理、整车修理应签发机动车维修竣工出厂合格证，小修和部分专项修理除外)

③ 核对领料清单，落实备件使用的必要性。

④ 准备关怀信息，列出下次维修的建议项目，包括定期保养时间里程、环车检查时客户关注的项目、维修过程中维修人员关注的项目及未尽事宜。

⑤ 确认维修费用无误，编制结算单并复核。

⑥ 比较估价与结算差异，做好异议说明。

⑦ 打印好有关质保条例及今后顾客车辆保养用方面的建议。

⑧ 交车资料和单据应整齐、清晰、便于客户理解。

（三）通知客户、约定交车

维修工作完成后，作为一个维修接待员，与维修人员检查《任务委托书》以确保客户委托的所有维修保养项目是否完成，应该更换的零件是否已经更换，并且确认故障已消除，对车辆再次进行外观等检查后就可以通知客户交车了。

在邀约客户过程中，要概述交车内容和所需时间，约定交车时间，确认交车时间。把握好通知客户的时间，避免客户提车时车辆还未维修好。维修过程中，应当利用维修车间的工作计划体系来跟踪维修工作的进展情况，及时通知客户维修的进展情况，根据承诺的时间和维修车间的工作安排，尽量错开每辆车的交车时间，大修车、事故车等不要在高峰时间交车。

有时也会出现交车延误情况，一般有四个方面的原因会造成维修交车时间延误。

（1）故障预估不准确，造成交车时间延误。假如车辆到达维修点后，维修人员从外部观察判断汽车的故障，但在实际的维修过程中，却发现内部还有其他问题，额外增加的维修量就会导致交车时间延误。

（2）配件的供应时间。比如维修人员原本告诉消费者，第二天就可以交车，但是配件供应商在发送配件的时候，有可能发送错误，或者配件发过来的过程中延误了时间，都会导致交车时间延迟。

（3）管理原因。假如修理厂管理不善，原本约定好的第二天交车，但如果维修人员忘记了维修，就会造成第二天客户来取车的时候无法交车。

（4）返工造成时间延误。工人在装配过程中，一旦操作错误，就需要重新返工，另外如果配件有质量问题，装上去以后不能解决实际问题，也需要重新返工。

要保证交车时间的准确性，首先是要有优良的维修技术，判断故障的准确率要高，其次就是管理一定要到位，只有优秀的管理与服务，才能提高客户满意度。如不能按期交车，要提前通知客户，说明延误原因，争取客户的谅解，并表示歉意。例如，如果当初约定客户4天后可以交车，但是由于故障较多且复杂，需要6天才能完成，那么就应该在第二天电话通知客户，并请其谅解，表明正在积极努力，争取尽快修好，而不是第四天客户来提车时，才告知"回去等吧，后天再来"。

对于维修时间较长，客户不能在休息区等情况，应关注车辆维修进度，及时通知客户交车。在交车时间的把握上，应该根据4S店情况，提供4S店接待空闲时间让客户选择交车时间，应避免让客户提出时间由4S店选择。当客户提出时间和4S店其他安排有冲突,拒绝客户再更换时间将带来客户不愉快的感受。

案例示范:

你好,我是××公司××服务顾问,你的爱车已经维修完毕,想跟你预约一下交车时间。你明天下午是否有时间?那明天下午3点左右有时间吗?

明天下午的交车可能会占用你××分钟时间,如果你没有其他问题,明天我将在××地方等你。

在通知休息区等待客户时,应避免直呼车牌号寻找客户。应记住客户名字和体貌特征,直接到客户身边通知客户。

(四)陪同客户验车

1. 服务顾问陪同顾客查看车辆的维修保养情况

客户取车的时候,原来的维修服务顾问必须在场。原维修服务顾问对车辆的状况和所有的修理工作都比较熟悉,他们的解释容易取得客户的信任。

陪同客户到竣工车辆旁,对照维修服务委托书像入厂检查一样和客户一道对发动机号码、车架号码、车辆维修质量、技术状况、外观、内饰、附件、装备以及车上的物品予以确认。这样可以向客户证明他的财产在你处得到了良好的保护和爱护,增强了客户对你的服务的信任,同时避免了将来可能存在的争议。

根据接车时客户提出的故障描述,向客户解释故障的原因、解决故障的方法、进行的诊断测试、路试和执行的维修工作,并向客户展示维修质量。例如,车辆维修前要打好几次才能够点火,通过维修,现在一次就能点。对此要在客户面前展示,每一次的发动都能够迅速点火。向顾客说明维修之后的保修期限。

案例示范:

你车子的……故障是因为……原因造成的,我们已经做了……处理。

你车子的……故障已经排除,你是否要试一下你的车辆。

2. 必要时和客户共同试验竣工车辆

对于行驶、悬挂系统或者只有车辆在行驶中才能出现的故障,修复后如果客户要求,你可以和客户一同试车来检验维修的效果,如果你不能陪同客户的话,你可以委托质检技术员或技术专家陪同客户一同试车,如图3-76所示。

3. 向顾客展示更换下来的旧件

属非索赔件的修理,应将旧零

图3-76 陪同客户验车

件当面给客户查看并返还给客户。如果客户要带走旧件，为客户包装好，并放在客户指示的位置（如行李舱）；如果不需要，维修接待员放指定的地方，由维修服务中心负责将它们进行处理；如果索赔件，则无需向客户出示。这件事情虽然不大，但客户很容易相信确实给他更换了相关的零部件，容易与客户建立起相互信任的关系。因为这种做法超过了客户的期望，很容易感动他们，如图3-77所示。

图3-77　展示更换下来的旧件

案例示范：

你车子的……故障是因为……原因造成的，我们已经做了……处理。这是本次维修产生的旧件，请问你要带走吗？

注意：旧备件应进行严格的包装才能放在客户的车里，防止把客户的车弄脏。对于电瓶、轮胎等客户不好处理并对环境有害的旧件，建议客户由你来进行处理。

4. 向顾客提供汽车有关信息

部分客户在使用汽车的过程中会学习部分汽车知识，对汽车结构原理有一定了解，但是绝大部分客户对汽车知识一知半解，对汽车维修服务过程了解更少。有的客户常常叫错车辆零部件名称；有的客户的车辆存在着明显重大故障，但是不能及时发现；有的客户认为车辆有问题，但又不能清楚表达；有的客户在驾驶车辆时不能正确操作，导致汽车故障；有的客户在向其解释维修情况时，需要多次解释。当遇到这些客户时，维修服务顾问在陪同客户验车过程中可以向客户提供汽车维修、汽车使用等相关信息。

适当告知客户汽车结构、汽车工作原理和汽车性能等知识，这些客户会比他们会比陌生的客户更容易沟通、更容易达到满意，对维修服务顾问来说工作也就更加轻松。

向客户详细介绍维修部门的经营方式、上班时间、下班时间，客户了解维修部门如何运作以后，下次客户来的时候就不需要再问那么多问题了。

如果向客户提供一些车辆定期保养的信息，只要他理解后，就会定期把车送来进行保养，从而增加业务量。如果告诉客户车辆哪些是正常情况，哪些是不正常的情况，当客户了解了车辆性能并且及时发现了故障症状时，就会及时与维修企业联系，从而建立长期服务关系。

5. 告知客户做了哪些免费的工作

常见免费服务项目如下。

(1) 更换保险丝。

我们为你免费更换了保险丝，保险丝盒里已经没有备用保险丝了，建议买几条备用。

(2) 轮胎及备胎磨损情况、胎面和气压检查，胎压调整。

四个轮胎的胎压都太高，这会加速轮胎磨损，所以我们已将它调整至规范值。您的备胎气压只有60kPa，我们已增加至规范值，以确保随时能用。

(3) 随车工具检查。

千斤顶松了，在行李舱内晃荡作响，我们已将其放入固定夹中。

(4) 刹车碟片和刹车盘检查。

我们为你免费检测了刹车碟片和刹车盘的检查。

(5) 制动液液面和品质检查。

(6) 电瓶电解液高度检测、电瓶电压检测、电瓶极柱清洁。

(7) 机油液面和品质检查。

(8) 防冻液液面高度和浓度检查，添加防冻液。

(9) 添加玻璃水。

车辆玻璃水不够，我们已经免费添加了，以后请多关注玻璃水液面，避免电机出现故障。车窗喷洗液喷嘴被车蜡堵住了，喷洗液喷不出来，我们已将车蜡清除了，但是以后打蜡时要注意。

(10) 机械部分加注润滑油。

发动机盖不能平顺开关，我们已给发动机盖铰链加了润滑油。

(11) 大灯、雾灯、转向灯、刹车灯和仪表报警灯检查。

(12) 转向助力功能、助力油油位和品质及转向横拉杆状态检查。

(13) 底部防护层和底饰板检查，螺栓紧固检查并紧固松动螺栓。

消声器的螺检松了，我们已帮您拧紧了。

6. 提醒顾客下次保养的时间和里程

告知顾客3日内销售服务中心将对顾客进行服务质量跟踪电话回访，询问顾客方便接听电话的时间。

7. 取下三件套。

当顾客的面取下三件套，放于回收装置中

8. 避免让客户尴尬

在向客户介绍汽车相关知识过程中，客户会因为自己缺乏车辆知识而感到难堪，因此维修服务顾问需要用一种同情和理解的方式来处理这个问题。

现代汽车非常复杂，它们代表了当今最先进的自动工程技术，即使是技术熟练的修理人员，为跟得上最新的技术发展，他们也需要不断地去接受专门的培训。多数车主对车辆有关的技术缺乏充分的了解，而并不是你单单一个，你们需要做的就是懂得如何正确开车，何时进行保养，知道在出现故障的时候如何去描述车辆的故障症状，这样就已经足够了，其他的工作将会由技术人员来做。

二、维修费用结算与客户送别

在维修费用结算过程中，维修服务顾问应根据结算流程准备好结算清单，知道结算费用金额，做好维修费用解释的准备，按规范引导客户到收银台进行费用结算并与客户道别。维修服务顾问必须熟练掌握维修费用的组成及各个项目维修费用如何确定，必须掌握费用结算和与客户送别的实施规范。

在结算单的解释过程中，客户的重点已经从刚来4S店对于故障情况的抱怨转移到对于收费和本次服务过程的感受上，当然每个客户感受会有区别，有的客户对价格敏感，有的客户对维修质量敏感，有的对是否被尊重敏感，也有上述感受的综合。

在结算流程中，客户有权知晓维修费用的细节，因此维修服务顾问要向客户说明维修项目、维修过程和收费情况，对客户提出的疑问，要予以认真回答，对未修项目和遗留问题要明确提醒车主注意。通过对本次维修消费的主动解释和说明，可以满足客户"明明白白"消费的心理感受。同时还要处理好可能出现的客户抱怨。

（一）费用结算流程（图3-78）

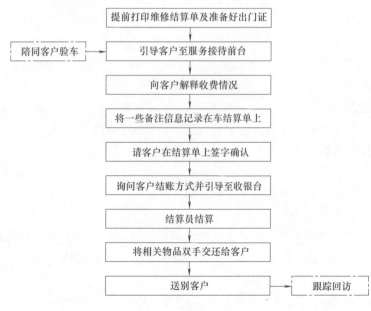

图3-78　费用结算流程

(二) 费用结算清单

结算清单是客户结算修理费用的依据,结算清单中包括:客户信息、客户车辆信息、维修企业信息、维修项目及费用信息。还可将下一次保养的时间和里程以及某些损耗件(例如轮胎、制动摩擦片或摩擦盘等)预计的剩余使用寿命记在结算清单上,以提醒客户及时保养与更换,见表3-13。结算清单一般一式两份,客户联给客户带走,另一联由维修服务企业的财务部门留存。

表 3-13 机动车维修费用结算清单
(计算机打印版格式)

编号:

托修方	单位名称 (车主姓名)				送修人	
	车牌号码		厂牌型号		维修类别	
	进厂日期		合同编号		工单号码	
	出厂里程表读数		km	合格证号	联系电话	
承修方	单位名称				联系电话	
	单位地址				E-mail:	
	开户银行			账号		

表一 维修费用结算表(维修费用=维修诊断费+检测费+材料费+工时费+加工费+其他费用)

序号	名 称	金 额(元)	备 注
1	维修诊断费		
2	检测费		
3	材料费		
4	工时费		
5	加工费		
6	其他费用		
7	合计金额		

实收金额大写(元):

×
×
联

×
×
×
联

表二 维修诊断费

序号	维修诊断项目	金额(元)	备注
1			
2			
…			

维修诊断费合计金额(元):

表三 检测费

序号	检测项目	金额(元)	备注
1			
2			
…			

检测费合计金额(元):

表四 材料费

序号	材料名称	厂牌规格	单位	数量	单价(元)	金额(元)	备注
1							
2							
…							
托修方自备配件：							
材料费合计金额(元)：							

表五 工时费　　　　　　　工时单价：　　　元/工时

序号	维修项目	结算工时	金 额(元)	备 注
1				
2				
…				
合计工时：		工时费合计金额(元)：		

×联
×联
×联

表六 加工费

序号	加工项目	金额(元)	备注
1			
2			
…			
外加工费合计金额(元)：			

表七 其他费用

序号	费用项目	金 额(元)	备注
1			
2			
…			
其他费用合计金额(元)：			

1. 是否有托修人支付费用更换的旧配件：
　　□旧配件已确认，并由托修方回收　　□旧配件已确认，托修方声明放弃　　□无旧配件
2. 结算清单项目及应付金额经双方核实，客户签字后生效。

客户签字：　　　　　　　　　　　　　　结算员签章：
　　　　　　　　　　　　　　　　　　　承修方（盖章）

　　　　　　　　　　　　　　　　　　　　　　日期：　　年　月　日

（三）维修费用组成

维修服务顾问要清楚解释维修费用，就必须对维修费用组成全面了解。每个4S店维修费用项目虽不统一，但基本都包含了维修诊断和检测费、材料费、工时费等费用。

　　1. 维修诊断和检测费

维修诊断和检测费是指在不解体车辆的条件下，用专用检测仪器（或检测设

备）来确定车辆技术状况和工作能力，检查故障的原因和部位的检查的费用，这部分检测费由客户承担。因汽车大修竣工检测和二级维护竣工检测收费已经包含在修理工时定额内，费用应由维修企业承担，不得另向客户收费。

汽车维修检测收费属经营性服务收费，维修企业通过车辆的检查、检测、诊断后确定的维修项目，按行业的价格结算规定计算出的预算费用，应预先告知，并征求客户意见。检测经营者应本着委托自愿的原则，与客户签订协议，不得强制检测，强行收费。

2. 材料费

材料费是指机动车维修过程中更换、修理零配件及使用耗材（含材料、漆料、燃润料等）所发生的费用。零配件及材料价格按实际购入价格和合理的进销差价构成，或按各汽车品牌厂家规定的全国指导价执行。材料进销差价主要是指材料在采购、装卸、运输、损耗、仓储、保管、养护中所消耗的费用，见表3-14。

表3-14 某高档车保养材料费

套餐	配件名称	单价(元)	数量	小计(元)	更换间隔
A保养	机油	120	10	1200	10000km
	机油滤芯	200	1	200	随机油更换
B保养	机油	120	10	1200	10000km
	机油滤芯	200	1	200	随机油更换
	空气滤芯	890	1	890	30000km，视干净程度更换
	空调滤芯	1100	1	1100	30000km，视干净程度更换
	汽油滤芯	1900	1	1900	30000km，视干净程度更换
更换前刹车片	前刹车片	3800	1	3800	视磨损剩余厚度更换
	感应线	180	1	180	随刹车片更换
	消音膏	20	1	20	随刹车片更换
更换后刹车片	后刹车片	1500	1	1500	视磨损剩余厚度更换
	感应线	100	1	100	随刹车片更换
	消音膏	20	1	20	随刹车片更换
更换前刹车碟及刹车片	前刹车碟	2700	2	5400	视磨损剩余厚度更换
	前刹车片	3800	1	3800	视磨损剩余厚度更换
	感应线	180	1	180	随刹车片更换
	消音膏	20	1	20	随刹车片更换
更换后刹车碟及刹车片	后刹车碟	1900	2	3800	视磨损剩余厚度更换
	后刹车片	1500	1	1500	视磨损剩余厚度更换
	感应线	100	1	100	随刹车片更换
	消音膏	20	1	20	随刹车片更换

（1）材料进销差价＝材料实际购入价格×进销差率

进销差率由经营者参照机动车维修行业协会定期公布的市场平均进销差率自行确定。

（2）材料费结算时应遵守以下原则

① 维修中使用的辅料：是指机动车维修过程中所用的难以计算的低值辅助材料。辅助材料费已列入工时费中，不另外计费。

② 经营者应将原厂配件、副厂配件、修复配件分别标记，明码标价，由托修方自行选择。维修中使用非原厂配件的，应事先征得托修方的同意，其价格标准由双方协商确定。

③ 修复配件费：修复配件是指符合技术质量要求的修复配件。使用修复配件应征得托修方同意，修复配件费一般按市场价格的50%计算，也可与托修方协商后确定。

④ 自制配件费：自制配件是指在保证质量的前提下由经营者自行制作的零配件。自制配件费按实际制造成本计算，也可与托修方协商后确定。

⑤ 维修中的修旧件费和自制配件费在结算时应在材料清单中注明。

⑥ 自带配件：是指客户自己购置的机动车零配件。经营者对用于自带配件的保管、润滑、检验项目的材料服务费，一般在不超过本配件价格5%的范围内由经营者与托修方协商确定，并应明确双方的责任。

⑦ 托修方委托经营者代购的配件或材料及其相应的加价幅度，需在维修合同中具体约定，并如实向托修方提供所代购配件、材料的有关资料凭证。

⑧ 经营者应将维修中更换下的配件、总成件交还托修方。

(3) 抱怨材料费贵应对话术

您好，我店使用的都是纯正厂家配件，所有备件均通过严格质量检查，质量有保证，备件价格是全国统一的，您可以在其他服务网点查询每个备件的价格；其次，跟其他品牌同级别车相比我们的价格并不贵（举例，掌握其他竞争品牌车型同样配件贵的项目）；再者，优质的配件可以延长整车的使用寿命，可以使整车在运行中保持最佳状态，同时也可以延长车辆寿命，相对副厂件而言，由于受供货渠道、运营成本的影响，4S店的备件价格相对会高一些，更换后的配件还有质量保修，这里更换的配件有一年或十万公里的保修期。副厂件价格是低，但是现在汽车配件市场鱼龙混杂，假货较多，一般人很难辨别，因此很容易买到伪劣产品，再者汽车维修是一项技术性很强的服务，如果您使用了伪劣配件或维修不当，很容易导致汽车故障。因此建议您还是购买正厂配件。

3. 工时费

(1) 工时费计价公式　　目前，在各地普遍采用的工时费计价公式是：工时费＝工时定额×工时单价×该车型的技术复杂系数（其中，车型技术复杂系数有的地区未采用）。国家没有规定具体的工时费标准，各地方可以依据当地的经济水平制定汽车维修工时定额及收费标准。目前汽车维修费用在市场上有三种工时费标准：有的4S店按照地方定额收费标准在执行；有的是按照机动车生产厂家公布的标准执行；还有一些4S店则是自己定。所以同一地区不同4S店工时费标准很难统一。

(2) 工时所包含的内容　要正确理解工时定额,首先应该认识到,工时不等于施工时间。在实际维修过程中,客户可能会进入维修车间,认真观察维修过程,对维修所用时间亲眼所见。当某项维修项目实际维修时间为1个小时,而在结算时按照定额标准1.5个小时收费,客户肯定会对工时数提出异议。如果不能向客户清楚解释工时费定额,必将降低客户满意度。首先应向客户明确指出工时不等于施工时间,除了施工时间还应包括维修准备时间(包括业务接洽,生产计划、调度、生产场地、工具、配件准备等工作时间),车辆故障诊断时间(含维修前检测、诊断时间),实际施工时间,试验、调试时间,场地清理时间。

(3) 工时费的基本计核方法

① 整车大修。目前各企业经常使用的计核方法主要有3种,可视具体情况选用。

◆ 定额制。即完全按企业所在地颁布的《定额标准》中该车型的整车大修定额计核,所涉及的配件、材料费用另行加计。

◆ 合同制。即采用各工种、工序的工时与配件、材料包干,限额计费,其具体内容由企业和送修方协商确认后,在维修合同中写明。

◆ 混合制。即一些工种(如发动机、底盘各总成与电器系统的维修)采用按地方颁布的工时定额计核,另一些工种和作业项目(如车身的钣金修复、车身涂装、蓬垫、内外装饰修复等)按合同制包干计核。混合制计核方法适应了不同修复难度和不同涂装用料、工艺要求的具体情况,故应用较为普遍。

② 总成大修。一般均按定额制计核工时费。属正常大修中的一些加工(如发动机总成大修时的镗磨汽缸、磨修曲轴等),有的企业缺乏加工设备而采用外协加工,这笔加工费已包含在总成大修工时费中了,虽然企业支付了这笔加工费,但不应向客户另外加计收取。

③ 汽车维护。一般均按定额计核工时费,但在维护过程中应注意划清维护与附加小修(含故障排除)作业项目的界限,在维护中发现了故障、隐患,须作小修处理的,应当及时通知客户,共同确认小修作业项目。

④ 汽车小修的工时计核,比前面的维修项目更为复杂,故应首先进行分类。按照专业特点,把小修工时计核方法分为以下3类。

◆ 直接计核法。此类方法直接、简单,客户所报的小修项目单纯、直接,可从《定额标准》栏目中直接查找到其定额工时,比如:换火花塞;换制动片;换某灯灯泡;换传动带等。

◆ 综合作业法。汽车零件众多且复杂,常常在更换某一总成、零部件或解决某一明显故障时需要拆装周边一个或多个零部件。对于不同车型档次和结构,拆装周边零部件的工序和施工难度也不一样,因此会出现计费差异。但是客户在报修时只计报修处的工时所耗,而忽略周边零部件的拆装与调整所涉及的工时费，如果不能及时与客户沟通处理好，极易引起客户的不满。

在给客户解释时应强调所需总工时不仅仅是拆装故障部分的零部件的单独工时，而应将更换零件或排除故障所相关的周边其他零部件拆装、调校工序排出（其工艺程序依各企业自身工艺条件确定最佳方案），查出对应每道工序（或工步）所规定的工时数，然后累加，得出所需总工时数。在维修之前就应当对上述工时——对应明确列出后，并及时与客户见面，征得其认同，使双方都能"心中有数"，避免修后的计价疑虑，同时也可使企业在客户中树立"坦诚相待、明码实价"的形象。

◆ 故障诊断法。当客户汽车出现故障时，常常按照故障现象进行报修。比如：发动机不能启动、运行中易熄火、转向时方向盘无助力，发动机异响等。但是在《定额标准》中并没有对应的故障收费项目。因为汽车产生同一故障有多种原因，维护时就有多种方法，维修费用不一，故很难根据故障现象确定维修工时。实际的维修工时应该包括故障诊断工时和故障排除工时。故障排除工时计核有标准可查，故障诊断工时随意因素很多，难以确定。而在实际维修过程中，企业在故障诊断上的技术、劳动投入是最多的（有的故障诊断过程可达数天），比排除故障的施工工时要多得多。因此可以对故障诊断按单项检测、诊断计费，或者按实耗工时计费，见表3-15。

表3-15 某4S店工时费

序号	项目	操作	数量（单位）	工时费/元	备注
1	冷凝器总成	更换	1只	250	
2	散热风扇	更换	1只	60	
3	水管	更换	1根	30	
4	发动机	大修	1台	3000	
5	氧传感器	更换	1只	60	
6	助力泵总成	更换	1只	100	
7	助力泵油壶	更换	1只	50	
8	燃油泵	更换	1只	100	
9	燃油箱	拆装	1只	200	
10	后轮轴承	更换	1只	120(200)	（四驱车型）
11	散热器总成	更换	1只	150	
12	扬声器	更换	1只	100	含门饰板拆装
13	散热风扇电机	更换	1只	60	
14	散热风扇护罩	更换	1只	80	
15	气囊控制单元	更换	1只	100	含中央扶手箱拆装
16	气门室盖垫	更换	1只	150	
17	汽缸盖	拆装	1只	600	
18	曲轴前油封	更换	1只	300	
19	手动变速箱总成	大修	1台	1200	
20	自动变速箱总成	大修	1台	2500	
21	空调管	更换	1组	100	
22	发电机皮带	更换	1根	30	

(4）应对抱怨工时问题的话术

我店所有维修项目均按厂保修标准工时制定，工时是指工作时间内的工作效率与价值，这个工时的制定标准，不只是看维修的实际施工时间，它包括维修施工的技术难度、故障的检查等因素，维修工时与实际工作时间不是一个概念，所以时间长短并不能作为衡量收费标准，例如修发动机需两天两夜，工费只有3000元。如果同样的收费，维修同样的问题在别人那里要半天，在我们这里只要一个小时，你会选择哪里呢？

4. 加工费

加工费即外加工费，是指受本企业的技术条件限制，需要委托其他企业进行维修或加工零、配件所发生的费用。外加工费按实际发生的净额结算。

5. 其他费用

凡应客户要求为抛锚车、事故车等提供的现场排障、施救、牵引服务的，维修企业可以按相关规定收取服务费用。

（四）维修费用解释

（1）引导客户到服务接待前台，请客户坐下。

（2）如果客户租用了临时替代车辆，在结算时要收回临时替代车协议，并让客户签字。

（3）打印出车辆维修结算单及出门证。

（4）依据车辆维修结算单，向客户解释收费情况，并向客户说明有关注意事项。在向客户解释收费项目的同时，还必须指出哪些维修操作是免费的。这样不仅可以清楚地向客户表明所要求的工作都已经全面、高质量地完成了，而且向客户提供了超值的服务，从而使客户对我们的维修工作产生信任，增强客户满意度，如图3-79所示。

对于首保客户，说明首次保养是免费的保养项目，并简要介绍质量担保规定和定期维护保养的重要性。将下次保养的时间和里程记录在车辆维修结算单上，并提醒客户留意。

图 3-79　维修费用解释

与客户确认方便接听服务质量跟踪电话的时间并记录在车辆维修结算单上。维修费用解释完毕时请客户在结算单上签字确认。

（五）陪同客户结账与道别

1. 陪同客户结账

客户确认维修费用无误后，询问客户付款方式，并陪同客户到收银台结账。收银员必须站立，且面带微笑地为客户服务，维修收款后才可开具发票，然后在结算单上盖章并填写出门证。将找回的零钱和发票等相关物品双手递给客户。收银结算后收银员应感谢客户的光临，与客户道别，如图 3-80 所示。

结算后，维修服务顾问应将下列物品清点后交给客户：

(1) 车钥匙。
(2) 行驶证。
(3) 保养手册。
(4) 维修委托书或维修合同。
(5) 费用结算单。
(6) 质量保证书。
(7) 发票。
(8) 出门证。
(9) 维修服务顾问个人名片。

图 3-80　陪同客户结账

维修委托书或维修合同、结算单、发票最好装入信封交给客户，以便客户保管。在信封正面应填写本次维修或保养相关信息，下次保养信息。同时还可以将维修服务顾问或 4S 店联系方式写在信封上，以方便客户与维修服务顾问的联系。如图 3-81 所示。

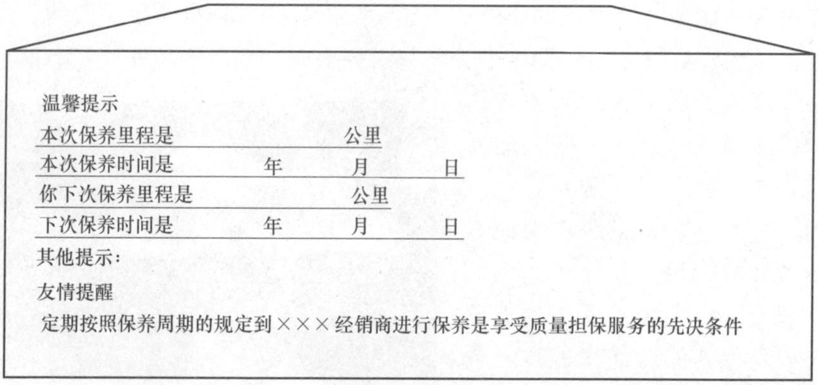

```
温馨提示
本次保养里程是　　　　　　公里
本次保养时间是　　　年　　　月　　　日
你下次保养里程是　　　　　　公里
下次保养时间是　　　年　　　月　　　日
其他提示：
友情提醒
定期按照保养周期的规定到×××经销商进行保养是享受质量担保服务的先决条件
```

图 3-81　联系信封

信封背面可以印制车辆各次保养相关信息，见表 3-16。

2. 与客户道别

客户在取车的时候，停车场里停满了车，加之对场地不熟悉，如果客户自己把车倒出来或者开出来，有可能与旁边的车发生碰撞，会引来更多的麻烦。所以在车辆维修完毕，客户交完款以后，接待员、门卫或者专门开车的人就要把车从

表 3-16 信封背面信息

里程/km	更换机油	更换机滤	更换空滤	36项检查	更换空调滤芯	更换火花塞	更换汽滤	更换发电机皮带	更换空调皮带	更换刹车油	更换方向助力油	更换自动变速箱油	更换手动齿轮油	更换防冻液	润滑系统清洗剂	燃油系统清洁保养	进气系统清洗保养	空调杀菌清洗
5000	★	★		★														
10000	★	★	★	★														
15000	★	★		★														
20000	★	★	★	★	★		★									▲	▲	▲
25000	★	★		★														
30000	★	★	★	★				★					★					
35000	★	★		★														
40000	★	★	★	★												▲	▲	▲
45000	★	★	★				★		★						★			
50000	★	★	★	★									★					
55000	★	★	★			★	★											
60000	★	★	★	★	★							★				▲	▲	▲

说明：★为保养更换项目，检查项目；▲为升级保养。

停车场开出来交给客户。这样做会给客户留下一个好的印象，特别是在天气恶劣的情况下更应如此。

维修服务顾问把车交给客户，要替客户打开门，开门时左手拉开门把手，右手为客人护顶，右手要打直。这项额外的服务会使客户非常欣赏，也会减少经销店对意外事件的责任。

让客户坐进去，把门关上，再告诉他怎么走。利用这个时间，可以再次告诉客户日后定期保养的时间，和客户产生一个新的预约。

与客户道别，表示谢意，并欢迎下次光临。目送客户，直到看不见客户，方可转身离去。

送走客户后有关人员将该维修客户车辆维修资料的变更部分输入电脑，完善客户档案，并存档。机动车维修经营者对机动车进行二级维护、总成修理、整车修理的，应当建立机动车维修档案。机动车维修档案主要内容包括：维修合同、维修项目、具体维修人员及质量检验人员、检验单、竣工出厂合格证（副本）及结算清单等。

第六节 跟踪回访

跟踪回访是维修服务流程中的最后一道环节，属于与客户的接触沟通和交流环节,一般通过电话访问的方式进行。跟踪回访工作包括回访专员回访和服务顾问回访,维修服务顾问在回访客户时应解决客户现实的问题,对存在问题的客户做好记录并及时跟踪。

一、跟踪回访的作用

(1) 通过回访,了解客户的需求和期望,接受客户和社会监督,增强客户的信任度。从而使企业的服务具有主动性,有利于企业培养稳定的忠诚客户群。

(2) 通过回访,及时沟通客户不满意之处,消除分歧,避免客户将其不满传播或不再惠顾,解答客户在车辆使用过程中的疑难问题,提升客户对企业服务的满意度。

(3) 通过回访,了解车辆维修质量,及时发现售后服务中心维修业务存在的不足,增强员工服务意识,改进工作作风,提高服务质量和水平。

(4) 通过回访,可以发现新的服务机会,开发新的服务产品,进行新的服务预约,完成企业的闭环作业。

二、跟踪回访的流程和内容

1. 跟踪回访流程(图 3-82)

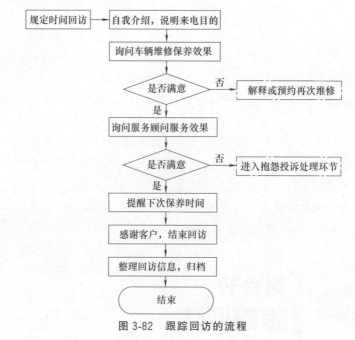

图 3-82 跟踪回访的流程

2. 回访前的准备

客服人员应了解本企业的客观情况,熟知本企业的运作模式与服务顾问、维修技师的特点、客户应定期接受培训，有一定专业性，能够解决客户一般的咨询问题。

对重点客户、事故客户、大修客户及有投诉记录的客户由服务顾问进行100%回访，其他客户由回访员按30%的比例进行回访。

回访员回访前应准备好如下资料：

(1) 问诊表。

(2) 3DC 回访记录表。

(3) 维修服务委托书。

(4) 派工单。

(5) 结算单。

(6) 客户档案。

3. 跟踪回访需要传达的信息

(1) 自我介绍（售后服务站和客服专员姓名）。

(2) 感谢客户在售后服务站接受的服务。

(3) 本次电话访问的意义及大概所需时间。

案例示范：

××先生/女士你好！我是××××4S店的电话回访员×××，你的爱车苏××××××于×日来××××××××××（维修项目），现在车子使用情况还好吧？

下面打扰你1分钟时间，想对你做个简单的回访，不知道你现在方便吗？

你对这次的车辆维护整体服务感觉如何？（是非常满意，满意，一般，还是不满意呢？）

4. 跟踪回访需要收集的信息

(1) 维修保养过程中的服务情况。

(2) 维修保养后的车辆使用状况。

(3) 调查客户的其他需求和建议。

案例示范：

下面我们需要做几个服务项目的抽查，你只需如实回答就可以了：

你进店是否有服务顾问主动接待你？（有，没有）

服务顾问是否及时让你了解车辆的维护进度？（维修大概所需时间）

请问你的车辆是否在约定时间内一次性按要求完成本次维修/保养工作？（是，否）

三、跟踪回访问题处理

1. 回访注意事项

交车 3 日之内打电话询问客户是否满意。打电话时为避免客户觉得他的车辆有问题，建议使用规范语言，发音要自然、友善。不要讲话太快，给没有准备的客户一定时间和机会回忆细节，也避免客户觉得你很忙。不要打断客户的讲话，记下客户的评语（批评、表扬）。打电话时间要避开客户的休息时间、会议高峰、活动高峰（9∶00—11∶00 和 16∶00—18∶30 比较合适）。

耐心听取具体投诉原因，表示真诚的道歉，记录客户投诉的原话，并通过重复验证准确性，及时将客户的投诉制作《客户抱怨/投诉处理表》，督促和落实客户投诉处理。

如果客户有抱怨，不要找借口搪塞，告诉客户你已记下他的意见，并让客户相信只要他愿意，有关人员会与他联系并解决问题。

2. 存在维修质量问题的处理

应需向客户致歉，安抚客户的情绪，并承诺尽快将处理意见反馈给客户。客户服务中心经理应和车间主管负责制定处理意见及内部改进措施，并详细记录于维修后电话跟踪处理日报表中。回访员必须在次日再次致歉客户，并向客户反馈处理意见。如果客户对处理意见不满意，应再次讨论处理意见直至客户满意为止。对于发生维修质量问题的客户，应在返修后，再次进入维修后电话跟踪服务。

3. 存在服务质量问题的处理

回访员向客户询问具体情况，并应根据实际情况向顾客致歉。客户服务中心经理应和服务经理负责制定处理意见及内部改进措施，并详细记录于维修后电话跟踪处理日报表中。对于重大抱怨的客户，次日服务跟踪员须再次向客户致歉，并反馈处理意见给客户。在客户档案备注中标记为重点客户。

四、回访结束后续工作

1. 编制服务回访统计分析月报

(1) 应回访客户数量、实际回访客户数量、回访成功率。

(2) 未成功回访原因、数量和比例，包括拒访、电话错误、无法联系等。

(3) 回访结果，包括满意客户的数量和比例。

(4) 不满客户的原因分析。

(5) 客户反馈的建议与意见。

(6) 客户投诉性质和比例。

(7) 投诉处理结果。

2. 处理客户反映的问题（图 3-83）

图 3-83 处理客户反映的问题

第四章

汽车维修业务接待专业能力素养

第一节　发动机维修业务接待
第二节　底盘维修业务接待
第三节　保养业务接待
第四节　涂装维修业务接待
第五节　钣金维修业务接待
第六节　汽车事故保险与理赔
第七节　汽车道路救援

第一节 发动机维修业务接待

车辆在使用的过程中难免会遇到发动机故障,这就需要发动机维修作业。在汽车维修企业,发动机维修业务接待是非常重要的工作之一。在进行发动机维修业务接待过程中,需要接车人员能判断发动机的损伤情况,大致估算维修时间、维修费用等。

一、发动机损伤评估

(一)机体组构造及损伤评估

1. 机体组构造(图 4-1)

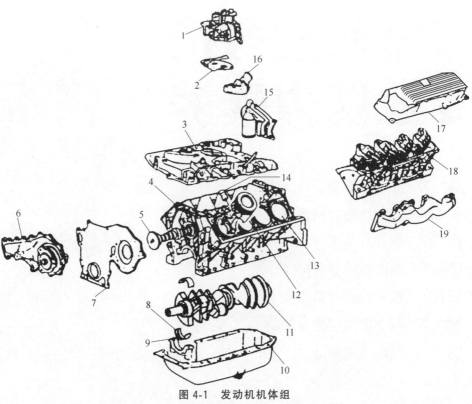

图 4-1 发动机机体组

1—节气门体;2—进气管预热装置;3—进气歧管;4—曲轴箱;5—凸轮轴;6—水泵;7—前盖;8—轴承;9—主轴承盖;10—油底壳;11—曲轴;12—活塞、连杆;13—汽缸;14—挺柱;15—机油滤清器及支架;16—节温器罩;17—摇臂室盖;18—汽缸盖;19—排气歧管

2. 机体组零件检测与评估

(1) 汽缸盖

① 裂纹和断裂：焊接难度大及加工要求高的位置，大多以更换为主。但受力较小的发电机吊耳断裂等情况则可采用焊接后机加工的方法维修。承载较大的轴承孔处或复杂的油道和水套处不建议焊接维修。

② 变形（图4-2）：铝合金汽缸盖的轻微变形，多用压力矫正法修理。铸铁汽缸盖的变形，一般采用磨削或铣削的方法进行修理。

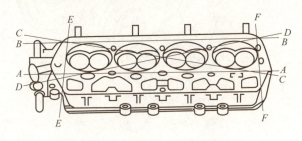

图4-2 汽缸盖变形量的检查方法

(2) 汽缸体

① 裂纹：对细微裂纹可用胶粘的方法进行修补；稍大的裂纹则用焊补方法进行修复；裂纹过大的汽缸体则报废，更换新的汽缸体。

② 变形：当平面的不平度超过维修手册规定的极限值时，就应进行修整。汽缸体平面局部不平，可通过加工使其达到技术要求。

若因撞击力较大，导致汽缸圆度和圆柱度误差超过规定的极限值，则应根据维修手册的要求镗缸并选配与汽缸相符的加大级活塞和活塞环，以恢复正确的配合关系。

(3) 主轴承孔 当主轴承座孔同轴度误差超过允许的极限值时，则需要用卧式镗床对主轴承座孔再次镗孔，以恢复座孔的同轴度，而轴承则采用加厚的。同轴度的检查如图4-3所示。

(4) 必须更换的零部件 发动机拆解维修涉及的油封及垫类（如油封、汽缸垫等），不能二次使用，必须予以更换。

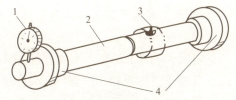

图4-3 同轴度检查

1—千分表；2—定心轴；3—触头；4—定心套

(5) 发动机支座 支座在严重碰撞中会产生破碎现象。如果支座变形，也应该予以更换。

如何利用上面的方法来进行汽车实训场地车辆发动机机体组的损伤评估？

(二）曲柄连杆机构构造及损伤评估

1. 曲柄连杆机构构造（图4-4）

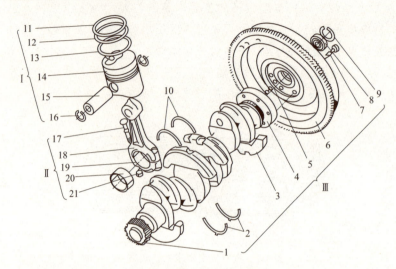

图 4-4 曲柄连杆机构构造

Ⅰ—活塞组；Ⅱ—连杆组；Ⅲ—曲轴飞轮组；1—曲轴定时齿轮；2—下止推片；3—平衡重；4—曲轴；5—定位销；6—飞轮；7—飞轮螺栓；8—变速器第一轴承；9,16—挡圈；10—上止推片；11—上气环；12—下气环；13—油环；14—活塞；15—活塞销；17—连杆螺栓；18—连杆体；19—连杆盖；20—连杆轴承；21—连杆螺母

2. 曲柄连杆机构零件检测与评估

（1）活塞组　若汽缸孔圆度和圆柱度超过极限并经过镗缸加工，或在发动机拆解检查时发现活塞有裂纹，则必须更换加大的活塞，同时更换活塞环和活塞销。

（2）连杆组

① 变形：若连杆的弯曲和扭曲超过维修手册的极限值时，应对连杆进行矫正或更换；若连杆矫正工时和更换配件价格相差不大，可考虑更换连杆。

连杆变形的矫正方法：轻微扭曲和弯曲的连杆可利用连杆矫正仪矫正。

压床矫正变形量较小的连杆，只在矫正载荷下保持一定时间即可。

变形量较大的连杆在矫正后，应进行时效处理（将连杆加热到300℃，保温一定时间）。

② 裂纹：连杆裂纹或伤痕严重，可考虑更换。

（3）曲轴飞轮组

① 变形：中间主轴颈的径向圆跳动误差值若大于极限值，则应进行压力矫正；若低于极限值，则可结合磨削主轴颈予以修正。

② 裂纹：曲轴裂纹可进行焊修。但焊前曲轴应预热，焊后应回火消除焊接残余应力，并重新校直、修磨，最后再次探伤。

焊补的工艺较复杂，加之现在配件供应流畅，因此，通常有裂纹的曲轴应予以更换。

如何利用上面的方法来进行汽车实训场地车辆发动机曲柄连杆机构的损伤评估？

（三）配气机构构造及损伤评估

1. 配气机构的组成（图 4-5）

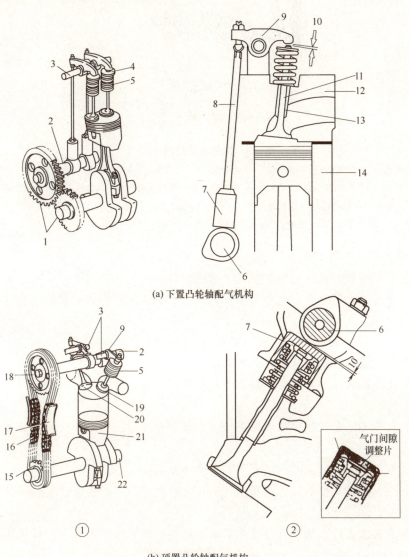

(a) 下置凸轮轴配气机构

① (b) 顶置凸轮轴配气机构 ②

图 4-5

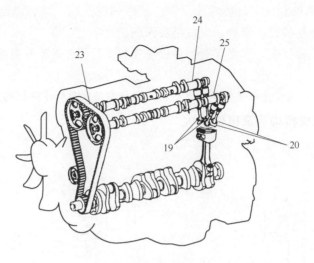

(c) 双顶置凸轮轴配气机构

图 4-5　配气机构的组成

1—正时齿轮；2—凸轮轴；3—摇臂轴；4—弹簧座；5—气门弹簧；6—凸轮轴；7—挺柱；8—推杆；
9—摇臂；10—气门间隙；11—气门；12—汽缸盖；13—气门导管；14—汽缸体；15—曲轴链轮；
16—正时链条；17—链条张紧器；18—凸轮轴链轮；19—排气门；20—进气门；
21—活塞；22—曲轴；23—正时皮带；24—排气凸轮轴；25—进气凸轮轴

2. 配气机构零件检测与评估

(1) 驱动机构　配气机构的损坏大多是齿轮、链条、张紧器、链轮、齿形带轮等部件损坏，特别是用正时皮带的车辆，在正时皮带断裂时，容易造成活塞顶气门的现象。

轻则气门被顶弯，重则连杆被顶弯，甚至造成汽缸体破裂。

评估员在进行评估时要考虑这些因素。

(2) 可变配气定时系统　这些部件由精密的液压部件组成，所以建议以更换为主。

(3) 凸轮轴　凸轮轴轻微变形可修复；若严重变形、裂纹和折断，则可考虑更换。

(4) 气门　发动机顶缸会造成气门杆弯曲变形和气门头部歪斜。

(5) 正时罩盖　价值较低的塑料正时罩盖以更换为主，价值较高的铝质罩盖若可以焊接，则应予以维修。

如何利用上面的方法来进行汽车实训场地车辆发动机配气机构的损伤评估？

（四）汽油机燃油供给系统的构造及损伤评估

电控汽油喷射系统的燃油供给系统组成如图 4-6 所示。

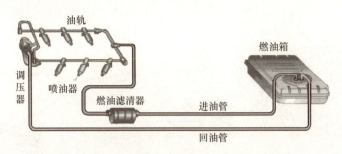

图 4-6 电控汽油喷射系统的燃油供给系统组成

(1) 电动汽油泵（图 4-7） 电动汽油泵按安装位置的不同分为内置式和外置式。

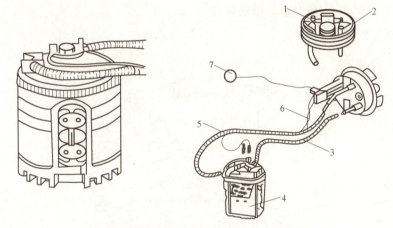

图 4-7 桑塔纳 2000 轿车的电动汽油泵及其附件
1—透气管；2—密封凸缘；3—回油管；4—燃油泵；5—进油管；6—导线；7—浮子

汽油泵在碰撞中很少损坏，汽油箱进水可引起汽油泵损坏，此种情况应更换汽油泵。另外，汽油箱进水，要对油箱及油泵滤网进行清洗。

(2) 燃油分配管（图 4-8） 若燃油分配管在碰撞中损坏，则应以更换为主。

(3) 喷油器 单点喷射系统的喷油器安装在节气门体空气入口处，多点喷射系统的喷油器安装在各缸进气歧管或汽缸盖上的各缸进气道处。

喷油器在碰撞中损坏，应以更换为主。

(4) 油压调节器 油压调节器在碰撞中损坏，应以更换为主。

(5) 油压脉动缓冲器 油压脉动缓冲器在碰撞中损坏，应以更换为主。

(6) 油箱 油箱变形、裂纹等损坏，不宜焊修；若油箱、油管等供油系统零部件破损时，考虑到安全的因素，应进行更换。

如何利用上面的方法来进行汽车实训场地车辆燃油供给系统的损伤评估？

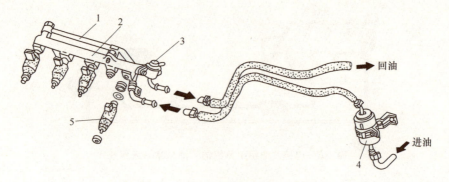

图 4-8　燃油分配管

1—进油管；2—燃油分配管；3—油压调节器；4—汽油滤清器；5—喷油器

（五）进排气系统构造及损伤评估

1. 进气系统（图 4-9）

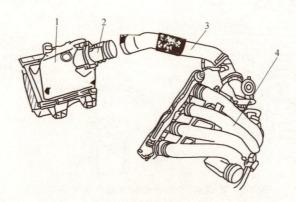

图 4-9　进气系统的组成

1—空气滤清器；2—空气流量计；3—进气软管；4—进气歧管

2. 排气系统（图 4-10）

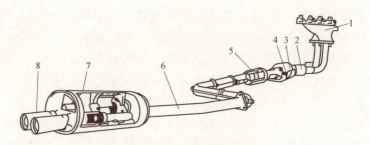

图 4-10　排气系统的组成

1—排气歧管；2—前排气管；3—催化转换器；4—排气温度传感器；5—副消声器；
6—后排气管；7—主消声器；8—排气尾管

3. 进排气系统零件检测与评估

(1) 进气系统

① 空气滤清器。若塑料空气滤清器外壳破损，则采用粘接或更换的方法；若纸滤芯水淹后，则必须更换。

② 进气歧管。若进气导流管损伤，则必须更换。

一般情况下进气歧管损伤后均应更换，铝合金进气歧管轻微损伤可采用保护焊焊接维修。

③ 谐振室。若汽车因碰撞而损坏了这些部件，则应该更换。

④ 废气涡轮增压系统。若汽车因碰撞而损坏了这些部件，则应该更换。中冷器的维修参考水箱。

(2) 排气系统

① 排气歧管和排气管。排气歧管因事故损坏，若轻微损伤，可修复；若损坏较重，可考虑更换，如图4-11所示。

图4-11 排气管变形、破裂（更换）

② 消声器。若轻微损伤，对发动机排气没有影响，可通过整形维修；若损坏严重，可考虑更换。

如何利用上面的方法来进行汽车实训场地车辆排气系统的损伤评估？

(六) 冷却系统的构造及损伤评估

1. 冷却系统的构造（图4-12）

2. 冷却系统主要零件检测与评估

(1) 散热器 最常见的是散热器芯损坏，损坏的程度取决于碰撞的严重程度。

被挤压扁的散热器片可以用专用工具进行矫正，松动的扁管可通过焊接修复。

若散热器片出现大面积松动或许多扁管被压瘪或破裂，则建议更换新的散热器芯。如图4-13所示。

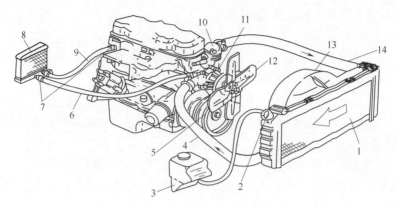

图 4-12 发动机冷却系统的构造

1—散热器；2—散热器盖；3—补偿水桶；4—散热器出水软管；5—风扇传动带；6—暖风机出水软管；7—管箍；8—暖风机芯；9—暖风机进水软管；10—节温器；11—水泵；12—冷却风扇；13—护风圈；14—散热器进水软管

散热器的塑料进、出水室受撞击后最易破损，如无法焊接或粘接，一般要更换总成。

金属水室若有凹陷变形时，可在凹陷处焊接一钩环，拉平后再解焊磨平。散热器泄漏一般发生在芯管与储水室的接合部，散热器金属芯泄漏部位可用锡焊、铝焊或铜焊修复。塑料水室损坏用粘接的方法不易修复，可考虑更换。

(2) 风扇护罩　钢制风扇护罩轻度变形以整形校正为主，若严重变形，可更换新的护罩；塑料风扇护罩损坏，可考虑更换。风扇叶片折断如图 4-14 所示。

图 4-13　散热器变形严重

图 4-14　风扇叶片折断

(3) 水泵及水管 (图 4-15)　水泵传动带轮是水泵中最易损坏的零件，若变形，则以更换为主。

严重碰撞会造成水泵前段 (水泵头) 损坏，一般更换水泵前段即可，不必更换水泵总成。

(4) 电动风扇 (图 4-16)　碰撞中主、副风扇常发生风扇叶片破碎，有的车型由于生产时将风扇叶片做成了不可拆卸式，也买不到风扇叶片，所以风扇叶片

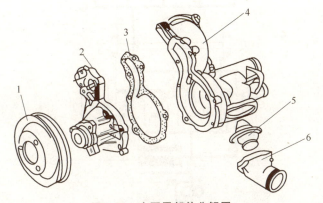

图 4-15 水泵零部件分解图

1—带轮；2—水泵前节；3—密封垫；4—水泵后节；5—节温器；6—节温器盖

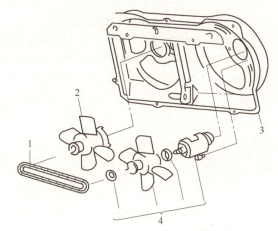

图 4-16 电动风扇及其框架分解图

1—风扇传动带；2—主动风扇；3—风扇护罩；4—从动风扇

破碎后常常要更换包括电动机总成在内的电动风扇。

风扇传动带在碰撞后一般不会损坏，其正常使用磨损也会造成损坏。拆下后如果需要更换，应确定是否是碰撞造成的。

如何利用上面的方法来进行汽车实训场地车辆冷却系的损伤评估？

（七）润滑系统构造及损伤评估

1. 润滑系统（图 4-17）
2. 润滑系统主要零件检测与评估

（1）润滑系统在汽车托底事故中，常造成油底壳破裂或变形。若油底壳变形较轻，可修复；若油底壳变形严重，则可考虑更换。集滤器变形，可考虑更换。

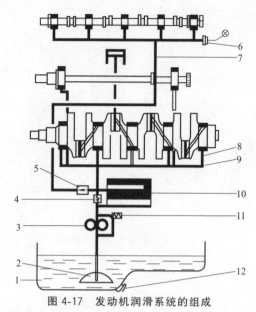

图 4-17 发动机润滑系统的组成

1—油底壳；2—集滤器；3—齿轮式机油泵；4—旁通阀；5—机油滤清器上的止回阀；
6—汽缸盖主油道端压力开关；7—凸轮轴油道；8—曲轴分油道；9—汽缸
体主油道；10—机油滤清器；11—安全阀；12—放油螺塞

定损时应考虑泄漏的机油。

（2）碰撞有时会使油底壳与集滤器接触，导致供油压力下降，或润滑油泄漏后车辆继续行驶，导致拉缸、划瓦等严重事故。

（3）水灾损坏造成的发动机进水，则采取清洗油道、更换机油及滤清器的方法维修。

如何利用上面的方法来进行汽车实训场地车辆发动机润滑系的损伤评估？

（八）启动系统构造及损伤评估

1. 启动系统（图 4-18）

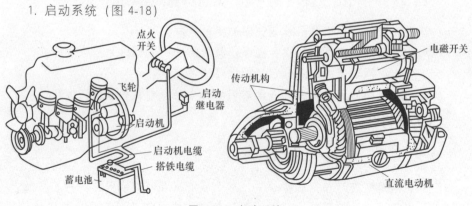

图 4-18 启动系统

2. 启动系统主要零件检测与评估

碰撞当中损坏的电磁开关可单独更换；若启动机壳体破损，则可考虑更换启动机。

如何利用上面的方法来进行汽车实训场地车辆发动机启动系的损伤评估？

（九）有害排放物控制装置的构造及损伤评估

1. 有害排放物控制装置

有害排放物控制装置包括以下装置：

(1) 催化转换器。

(2) 二次空气喷射系统。

(3) 废气再循环系统。

2. 有害排放物控制装置零件检测与评估

(1) 催化转换器　催化转换器外表轻微变形，可修复；若因碰撞导致严重变形或催化转换器壳体内部的多孔性陶瓷小球、陶瓷块碎裂，应更换。

(2) 二次空气泵　二次空气泵若因碰撞损坏，可考虑更换。

(3) 炭罐　炭罐若因碰撞变形或破裂，应更换。

如何利用上面的方法来进行汽车实训场地车辆有害排放物控制装置零件的损伤评估？

案例示范：

刘先生发现自己的车辆在行驶过程中，在发动机下部发出一种有节奏的连续异响，声响沉重，听起来是"刚刚"的金属撞击声，严重时机身抖动。于是11月24日早上到4S店维修，维修服务顾问张梅接待了刘先生并询问了车辆的基本信息，信息登记好后刘先生在4S店休息室休息等待维修，此时维修技师正在进行试车并进行车辆故障评估。

1. 刘先生车辆进站后维修服务顾问按照接车流程进行接车，首先做了自我介绍并询问刘先生车辆来厂的目的，套好室内三件套之后进行车内检查及环车检查并填好接车单，如图4-19所示。

2. 填好接车单之后，服务顾问引领刘先生到客户休息室内休息并给刘先生送上茶水饮料。接待一直到维修完毕需要经历一段时间，在这期间，维修服务顾问经常与刘先生取得沟通联系，告诉刘先生大致等待维修的时间和自己的岗位职责，如有新的维修情况会及时告知，如图4-20所示。

3. 刘先生在客户休息室内休息并等待车辆维修，维修技师首先根据客户反映的故障现象分析评估故障可能是：活塞，燃烧室积炭，发动机内部零件磨损，点火正时不正确，空调压缩机，发电机，皮带惰轮异响等。然后经过实际试车发现，此发动机故障异响的发响部位在发动机的下部，在发动机急加速或急减速时，异响明显，并且不随发动机的温度变化而变化，似乎是曲轴轴承处有异响。

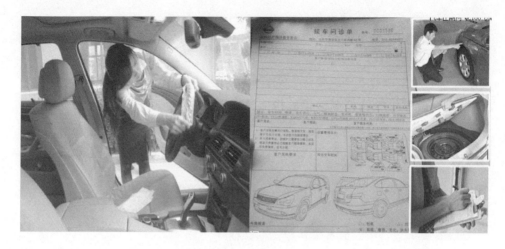

图 4-19 接车并进行检查

图 4-20 客户休息室内休息

一般情况下,后边的轴承发响声音发闷钝重,而前边的轴承声响则偏向于轻、脆。曲轴轴承处异响的原因有如下几种:主轴承径向间隙过大;主轴承盖螺栓松动;曲轴弯曲变形;主轴瓦烧毁;主轴瓦松动或断裂;轴向止推垫片磨损过甚;主轴承润滑不良。如果是由于轴向止推垫片磨损过甚,造成轴向间隙过大而使曲轴在轴向窜动所发出的异响,是一种无节奏异响。对于其他原因所造成的主轴承异响,在发动机冷启动后温度较低时,异响尤为显著。在异响发生时,故障缸的缸盖部位有与异响相吻合的震动感。如果对发动机进行单缸断火,则异响无明显变化,而把相邻两缸同时断火时,则可能出现异响消失或减弱,则表明此两缸之间的主轴承发出异响。拆下曲轴,发现轴向止推垫片磨损过甚,更换一新件后,复装试车,故障排除,如图 4-21 所示。

图 4-21 进行汽车故障维修

二、汽车三包索赔

（一）三包索赔的基础知识

汽车维修中的三包索赔，就是由汽车制造厂承担责任的，汽车使用过程中发生的维护检修、更换配件等排除故障和维持汽车性能的项目。不同品牌的厂家会制订不同的三包索赔规定。一般来说，三包索赔包含三种常见的形式：一是在保修期内，发生正常使用下的配件损坏或者性能下降；二是新车保养；三是批量召回。

1. 三包索赔的流程

4S 服务站和特约维修站中都设置有索赔员一职，专门负责有关三包索赔事宜。索赔员在 4S 服务站和特约维修站中是一个重要的岗位，他需要协调客户、服务站与厂家的关系，同时为客户讲解有关厂家索赔的相关知识，既维护客户的利益，也维护服务站和厂家的利益。索赔的流程包括：前台接待定项、车间派工、领料、维修换件、索赔申请、索赔确认、收索赔款等。

2. 三包索赔的注意事项

注意车辆的包赔期限与条件接待过程中，接待人员进行初检初步判定是否有索赔项，如果有，则应该在委托书中注明，将项目的费用归属标注清楚。

在维修和换件过程中，索赔员要根据实际情况进一步判断是否属于索赔项。如果属于索赔项目，则需要将索赔项目和配件的收费类别定为"索赔"，并向厂家提出申请。根据服务记录生成相应的索赔记录，并填写索赔单的相关内容，按照整车厂家的要求进行传真、邮寄或者网上申请索赔。经厂家确认后，该索赔款项计为向厂家的应收款，到一定时间，服务站可以按照规定与整车厂进行核对收款。

3. 汽车三包概念

(1) 三包：修理 repair、更换 replace（换车、换总成零部件）、退货 return

(退车)。通俗的说,三包指包修、包换、包退。

(2) 三包是零售商业企业对所售商品实行"包修、包换、包退"的简称。指商品进入消费领域后,卖方对买方所购物品负责而采取的在一定限期内的一种信用保证办法。对不是因用户使用、保管不当,而属于产品质量问题而发生的故障提供该项服务。

4. 汽车三包定义

家用汽车产品,是指消费者为生活消费需要而购买和使用的乘用车。

乘用车,是指相关国家标准规定的除专用乘用车之外的乘用车。

生产者,是指生产家用汽车产品并以其名义颁发产品合格证的单位。

销售者,是指以自己的名义向消费者直接销售、交付家用汽车产品并收取货款、开具发票的单位或者个人。

修理者,是指与生产者或销售者订立代理修理合同,依照约定为消费者提供家用汽车产品修理服务的单位或者个人。

经营者,包括生产者、销售者、向销售者提供产品的其他销售者、修理者等。

产品质量问题,是指家用汽车产品出现影响正常使用、无法正常使用或者产品质量与标准法规、企业明示的质量状况不符合的情况。

严重安全性能故障,是指家用汽车产品存在危及人身、财产安全的产品质量问题,致使消费者无法安全使用汽车,包括出现安全装置不能起到应有的保护作用或者存在起火等危险情况。

(二) 汽车三包规定主要内容

本法规共9章,49条,规定了法规适用范围,明确了销售者、修理者、生产者的责任和义务,强调了三包责任免除、违规的处罚等,主要章节及内容节选见表4-1。

表4-1 汽车三包规定主要内容

章节	主 要 内 容
第一章 总则	□三包政策适用范围:家用汽车产品,是指消费者为生活消费需要而购买和使用的乘用车 □销售者首先担责、销售者依规定追偿 □质检总局组织建立汽车三包信息公开制度,各级质量技术监督部门应依法负责产品质量申诉工作,和本行政区域内实行情况的监督管理
第二章 生产者义务	□保证车辆合格,并配备相关随车文件 □随车文件、维修文档、维修网点等资料均需及时向质检总局备案
第三章 销售者义务	□建立并执行进货检查验收制度 □向消费者查验车辆及随车文件,明示注意事项及三包要求等信息

续表

章节	主要内容
第四章 修理者义务	□备件由生产者提供或认可并检验合格,质量不低于生产装配线上的产品,要保持修理所需的零部件的合理储备 □建立并执行修理记录存档制度 □特殊情况时提供电话咨询服务和现场服务
第五章 三包责任	□规定了包修期、三包有效期、易损件质保期限 □规定了退、换整车及总成的要求 □规定了每次修理时间超过5日,给用户的补偿 □规定了退换车时,用户应支付合理的车辆使用补偿
第六章至第九章	□规定了三包责任免除、争议处理、罚则和附则 □违背规定1次处罚1万~3万元,记入质量信用档案,并向社会公布

1. 有效期

家用汽车产品包修期限不低于3年或者行驶里程60000km,以先到者为准;家用汽车产品三包有效期限(包退、包换)不低于2年或者行驶里程50000km,以先到者为准。家用汽车产品包修期和三包有效期自销售者开具购车发票之日起计算。

2. 包修

规定,在包修期内,汽车产品出现质量问题,消费者凭三包凭证在指定的或者约定的修理商处办理免费修理(包括工时费和材料费)。因质量问题和修理、更换、退货给消费者造成损失,销售商、制造商、修理商应当负责赔偿相应的损失。

3. 包退换(图4-22)

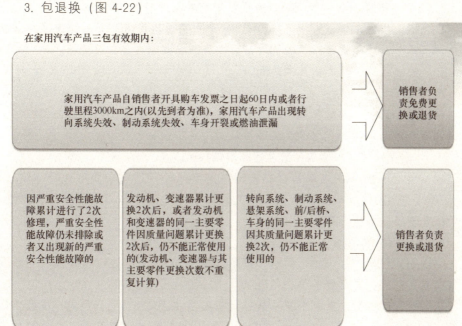

图4-22 包退换政策

4. 包换（图4-23）

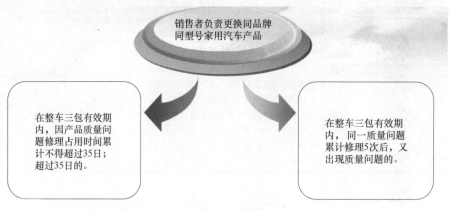

- 修理时间自消费者与修理者确定修理之时起，至完成修理之时止。
- 1次修理占用时间不足24h的，以1日计。

图4-23 包换政策

5. 需提供备用车或费用补偿

在家用汽车产品包修期内，因产品质量问题每次修理时间（包括等待修理备用件时间）超过5日的，应当为消费者提供备用车，或者给予合理的交通费用补偿。

6. 下列情形所占用的时间不计入前款规定的修理时间

（1）需要根据车辆识别代号（VIN）等定制的防盗系统、全车线束等特殊零部件的运输时间；特殊零部件的种类范围由生产者明示在三包凭证上。

（2）外出救援路途所占用的时间。

7. 折旧费计算

按照规定更换、退货车辆，应减去消费者使用该车产生的合理折旧费；

消费者应向销售商支付的合理使用补偿费用的计算公式为：

$$[(车价款(元) \times 行驶里程(km))/1000] \times n$$

使用补偿系数 n 由生产者根据家用汽车产品使用时间、使用状况等因素，在0.5%～0.8%之间确定，并在三包凭证中明示。3000km/60天内符合更换、退货的车辆不收取折旧费。

8. 确定赔付的范围

明确家用汽车产品（以下简称"汽车产品"）的主要总成或系统及其主要零部件目录、易损耗零部件的种类范围以及"三包"凭证等内容。

汽车产品的主要总成和系统及其主要零部件目录自销售者开具购车发票之日起60日内或者行驶里程3000km之内，以先到者为准，发动机、变速器的主要零件出现质量问题的，消费者可以选择免费更换发动机、变速器。

在汽车产品三包有效期内，发动机、变速器的同一主要零件因其质量问题，累计更换 2 次后，仍不能正常使用的，消费者选择更换或退货的，销售者应当负责更换或退货。

9. 解决争议

（1）家用汽车产品三包责任发生争议的，消费者可以与经营者协商解决；可以依法向各级消费者权益保护组织等第三方社会中介机构请求调解解决；可以依法向质量技术监督部门等有关行政部门申诉进行处理。

（2）家用汽车产品三包责任争议双方不愿通过协商、调解解决或者协商、调解无法达成一致的，可以根据协议申请仲裁，也可以依法向人民法院起诉。

（3）省级以上质量技术监督部门可以组织建立家用汽车产品三包责任争议处理技术咨询人员库，为争议处理提供技术咨询；经争议双方同意，可以选择技术咨询人员参与争议处理，技术咨询人员咨询费用由双方协商解决。

（4）经营者和消费者应当配合质量技术监督部门家用汽车产品三包责任争议处理技术咨询人员库建设，推荐技术咨询人员，提供必要的技术咨询。

（5）由质检部门组织争议处理专家库，从而更好地解决消费者和汽车厂商之间在汽车产品质量问题上的责任认定等问题。同时还规定要经争议双方同意，各有关机构可以选择专家参与调解工作。

三、案例研讨

（一）制定出规范的执行政策（一）

1. 案例研讨

刘先生遇到的这个情况有些离谱，他购买了一辆价值 60 万元的日系豪华车顶级版后，半年行驶 4800km 就发现车门密封条漏水了，接下来汽车喇叭、导航机、电动方向盘、中央扶手等地方也修过，车辆前后到服务站开单维修超过 40 天。虽然服务站对他的修车要求很配合，但是频繁的修理已经严重影响了他的正常工作和生活，他向厂商提出退车换车的要求。

2. 案例解析

维修天数累计已超过 35 天，符合换车条件。

（二）制定出规范的执行政策（二）

1. 案例研讨

提起近期的维修保养经历，小何心里有点烦。他的车买了才一年多，跑了不过两万多公里，三个月前去一家 4S 店检修左前门玻璃升降不畅的问题，负责对他的车辆进行维修的技师建议他更换了不少配件。小何觉得是熟人介绍的店维修水平比较可靠，所以相信并接受他的建议。半个月后他发现故障还没有排除，就回到4S店，师傅说没有大问题，只是对故障部位做了简单处理，但后来小何又先后因同样问题去该服务站开单处理过四次，效果都不理想，现在小何对该服务站产生了严重的不信任感，并去该店里闹了二次，要求换车。

2. 案例解析

同一故障累计维修超过5次，符合换车条件。

(三) 制定出规范的执行政策（三）

1. 案例研讨

服务顾问小王服务能力强，与客户关系一直不错。在处理一些疑难问题时，常常运用习惯的方式与客户聊天、吃饭、交朋友来解决，效果也还不错。三包法出台后，一天，车龄1年半，里程3万多公里的老客户白先生来站检修刹车故障，经检查是制动主缸问题，更换主缸后出去不久发现问题还是没有解决，再次检查原因还是主缸质量引起的，再次更换后，白先生发现问题没有得到彻底解决，于是客户要求退车。服务顾问小王觉得平常和白先生关系不错，通过沟通和给予一些好处，应该能解决。没想到的是这次白先生执意要求退车……

2. 案例解析

三包法出台后需要我们改变服务理念。

三包法出台后客户也在进步。

3. 制定出规范的执行政策

(1) 易损耗零部件质量担保目录。

汽车产品的易损耗零部件在其质量保证期内出现质量问题的，消费者可以选择免费更换易损耗零部件。质量保证期低于汽车产品包修期的易损耗零部件，其种类范围及其质量保证期由生产者明示在三包凭证上。生产者明示易损耗零部件的种类范围不应超出表4-2所列出的范围。

(2) 易损耗零部件的种类范围（表4-2）。

表4-2 易损耗零部件的种类范围

序号	种类范围	序号	种类范围
1	空气滤清器	8	轮胎
2	空调滤清器	9	蓄电池
3	机油滤清器	10	遥控器电池
4	燃料滤清器	11	灯泡
5	火花塞	12	刮水器刮片
6	制动衬片	13	保险丝及普通继电器（不含集成控制单元）
7	离合器片		

(3) 三包凭证与维修相关规定：

第十八条 在家用汽车产品包修期内，家用汽车产品出现产品质量问题，消费者凭三包凭证由修理者免费修理（包括工时费和材料费）。

第二十条 在家用汽车产品三包有效期内，符合本规定更换、退货条件的，消费者凭三包凭证、购车发票等由销售者更换、退货。

第三十一条 在家用汽车产品包修期和三包有效期内，无有效发票和三包凭证的，经营者可以不承担本规定所规定的三包责任。

（四）制定出规范的执行政策（四）

1. 案例研讨

任先生2009年11月买了一辆新车，当年冬天，这辆车就出现两次启动无故熄火故障，销售公司进行了简单的故障排除。2011年3月，任先生的汽车再次无故熄火，销售公司认为，汽车熄火的原因在于变速箱。经过多次交涉，当年8月，销售公司更换了变速箱总成。2011年10月7日，任先生一家开车在高速路上时，车辆在减速后突然失去动力，差点造成车祸。事后，经4S店检查，车辆发生故障的原因还是在变速箱上，并再次提出帮他更换变速箱总成。

在提车前，任先生被销售人员告知，车辆在更换完毕准备交付后的试车过程中，又出现了与高速路上同样的情况，必须第三次更换变速箱有关部件。任先生认为，新车两年换了3个变速箱，自己实在不敢开这辆车了。他以汽车存在重大质量问题为由，向网点提出更换新车的要求。

2. 案例解析

变速箱总成更换二次后，没有解决问题，符合换车条件。

（五）制定出规范的执行政策（五）

1. 案例研讨

客户李师傅购车8个多月，车辆行驶里程1.2万公里。两个月前车辆因发动机汽缸垫被冲送入4S店维修，维修师傅小张检查后为其更换汽缸垫，车辆出厂后一个星期再次因同样问题被施救回站，这次小张检查后认为可能是前次汽缸垫质量问题，重新更换汽缸垫后交车。没有想到的是半月后车辆又一次出现相同故障，这次小张检查后发现是电子风扇高速挡失效造成水温高，引起上述故障，更换电子风扇和汽缸垫后排除故障。

半月后该车第四次进站，还是同样问题，这次4S店换技术总监亲自检查，结果是缸盖变形，需更换汽缸盖，客户李师傅立刻不愿意，认为发动机都修过四次了，不知以后还会不会出事，不敢再开此车了，要求换车……

2. 案例解析

前面三次维修所换备件都不是发动机主要备件，同一故障维修也没有超过5次，不符合换车条件。

第二节 底盘维修业务接待

车辆在使用的过程中难免会遇到底盘故障,这就需要底盘维修作业。在汽车维修企业,底盘维修业务接待是非常重要的工作之一。在进行底盘维修业务接待过程中,需要接车人员能判断底盘的损伤情况,大致估算维修时间、维修费用等。

一、底盘损伤评估

(一) 传动系统损伤评估

传动系统的功用是将发动机发出的动力经离合器、变速器、万向传动装置、主减速器、差速器和半轴传给驱动车轮。

发动机前置后轮驱动汽车传动系统的组成,如图 4-24 所示。

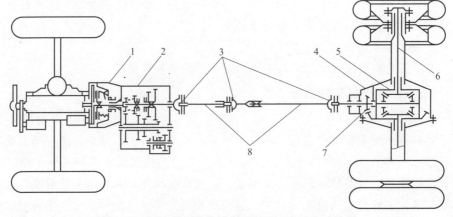

图 4-24 发动机前置后轮驱动汽车传动系统的组成
1—离合器;2—变速器;3—万向节;4—驱动桥;5—差速器;6—半轴;7—主减速器;8—传动轴

轿车普遍采用发动机前置前轮驱动,在此系统中,发动机、离合器、变速器、主减速器、差速器成为一体,省去了传动轴,成为变速驱动桥,如图 4-25 所示。

1. 离合器的结构

离合器的结构如图 4-26 所示。

2. 离合器主要零件的检测与评估

若损坏,则可能是严重的托底事故或重大的碰撞、翻车事故。

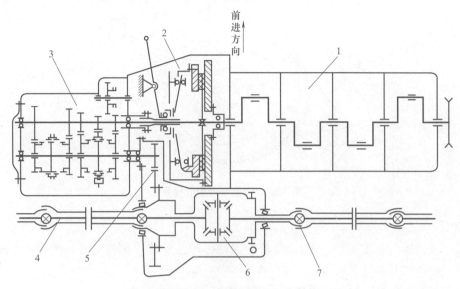

图 4-25 发动机前置前轮驱动的传动系统

1—发动机；2—离合器；3—变速器；4—传动轴（半轴）；5—主减速器；
6—差速器；7—等速万向节

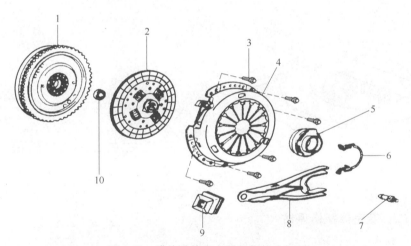

图 4-26 膜片弹簧离合器零部件分解图

1—飞轮；2—带扭转减振器的从动盘；3—螺钉；4—离合器盖及压盘总成；5—分离轴承；
6—夹扣；7—分离叉支杆；8—分离叉；9—保护罩；10—导向轴承

(1) 飞轮（图 4-27） 若端面圆跳动超过标准，应修磨或更换飞轮。

飞轮平面度或表面光洁度超过要求时，可用平面磨床磨平或车床车平表面，但磨、车的厚度应小于 2mm，否则应更换飞轮。

有些车辆的飞轮齿圈损坏可单独更换。

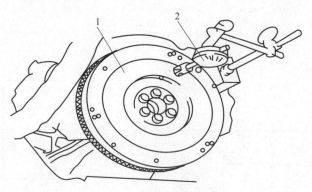

图 4-27 飞轮变形量的检查

1—飞轮；2—百分表

(2) 压盘（图 4-28） 压盘受外力碰撞会产生破碎、扭曲变形，严重的需更换，轻微的需用仪器检查。

若变形量超过维修手册要求，则应更换。

(3) 从动盘（图 4-29） 若最大端面圆跳动超过标准，应更换从动盘。

(4) 膜片弹簧 膜片弹簧若有簧片折断、烧损、出现裂纹等现象都应更换新的。

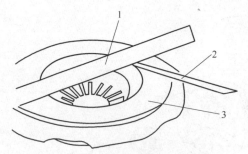

图 4-28 离合器压盘变形量的检查

1—刀口尺；2—塞尺；3—压盘

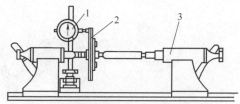

图 4-29 从动盘端面圆跳动的检查

1—百分表；2—离合器从动盘；3—检测台架

(二) 变速器损伤评估

1. 变速器的结构

变速器的结构如图 4-30 所示。

2. 手动变速器损伤评估

碰撞会造成变速器壳体开裂损坏。

轻微的裂纹可以通过焊补修复。

若变速器壳体承受较大的载荷，特别是轴承孔处开裂损坏一般以更换为主。

若换挡手柄、外换挡杆、支撑杆、上换挡杆等金属杆类操纵机构轻微变形可矫正、调整维修，严重变形则更换。

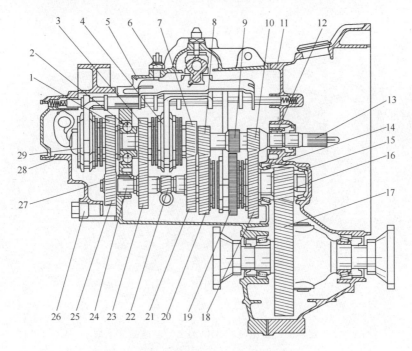

图 4-30 捷达轿车 02KA 型变速器结构

1—输入轴5挡齿轮；2,12,14,15,27—轴承；3—输入轴4挡齿轮；4,29—接合套；5—变速器壳体；6—通气塞；7—输入轴3挡齿轮；8—输入轴2挡齿轮；9—输入轴倒挡齿轮；10—输入轴1挡齿轮；11—离合器壳体；13—输入轴；16—主减速器主动齿轮；17—主减速器从动齿轮；18—输出轴1挡齿轮；19—输出轴倒挡齿轮；20—输出轴2挡齿轮；21—输出轴3挡齿轮；22—车速里程表传动齿轮；23—输出轴4挡齿轮；24—输出轴；25—输出轴5挡齿轮；26—放油塞；28—后壳体

（三）自动变速器损伤评估

1. 自动变速器的组成（图4-31）

自动变速器主要由液力变矩器、齿轮变速机构、换挡执行机构、液压控制系统及电子控制系统组成，如图4-31所示。

2. 自动变速器零件的检测与损伤评估

自动变速器壳体和阀体内部结构复杂，维修难度大，若损坏以更换为主。

拆装变速器时要更换所有拆下的密封垫和油封。

分解变速器确定内部零件的损坏情况时，要分析损坏原因。有些部件若是由于磨损过大造成的，则应该由客户支付费用。

若自动变速器托底损坏，可将油底壳拆下，检查阀体和附件。

若只是电磁阀损坏，更换损坏的电磁阀试车后决定是否拆解变速器。

若变速器在驻车制动状态下被碰撞，则可能损坏停车锁总成，这种情况应检查停车锁总成（驻车制动机构）是否损坏。

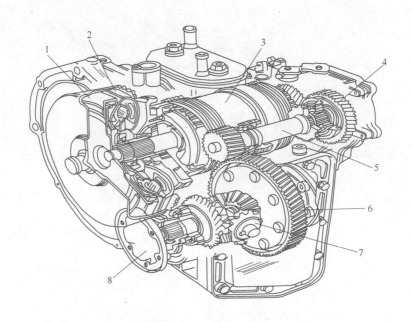

图 4-31 宝来轿车 01M 型自动变速器的组成

1—锁止离合器；2—液力变矩器；3—行星齿轮变速器；4—惰轮；5—惰轮轴；
6—主减速器；7—差速器；8—凸缘盘

自动变速器若水损损坏，必须彻底清洗变速器并更换 ATF，否则会严重损坏变速器。

清洗时可借助专用自动变速器清洗设备，将 ATF 全部更换。

若更换不彻底，水和油混合形成乳状物，会损坏自动变速器。

（四）万向传动装置损伤评估

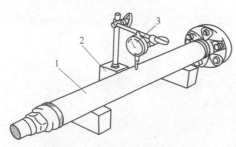

图 4-32 传动轴变形量的检查

1—传动轴；2—V 形铁；3—百分表

(1) 传动轴及万向节 传动轴变形量的检查如图 4-32 所示。若传动轴严重损坏，需更换整个总成，轻微变形可通过压力矫正。

(2) 防尘套 前轮驱动的传动轴上采用的球笼式万向节，其防尘套容易损坏，损坏了应更换。

但要判断是何时损坏的，若防尘套内无油脂，说明事故前已损坏。

(3) 后轮驱动货车的中间支撑检查 传动轴严重受损要注意检查支撑胶垫是否开裂。

(五)驱动桥损伤评估

驱动桥零件的检测与评估如图 4-33 所示。

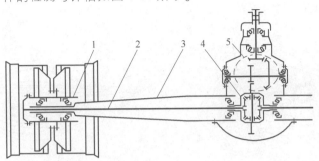

图 4-33 后轮驱动汽车的后驱动桥

1—轮毂；2—桥壳；3—半轴；4—差速器；5—主减速器

(1) 半轴 碰撞事故中,半轴常见的损坏是弯曲变形,同时检查半轴花键应完好无损,半轴不得有裂纹存在,若有应更换。

(2) 桥壳 碰撞事故中,桥壳常见的损坏是破损、裂纹等。

桥壳破损严重应更换,若轻微的裂纹可通过焊接修复。

各部分螺纹损伤不得超过 2 牙；钢板弹簧座定位孔的磨损不得大于 1.5mm,超限时先进行补焊,然后按原位置重新钻孔。

若桥壳已变形,则应该予以矫正或更换。

二、制动系统损伤评估

(一) 基础制动系统损伤评估

1. 基础制动系统

基础制动系统包括行车制动系统与驻车制动系统。图 4-34 所示为红旗

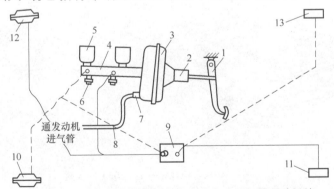

图 4-34 红旗 CA7220 型轿车真空助力液压伺服制动系统

1—制动踏板；2—控制阀；3—真空伺服气室；4—制动主缸；5—储液罐；6—制动信号灯液压开关；7—真空单向阀；8—真空供能管路；9—感载比例阀；10—左前轮缸；11—左后轮缸；12—右前轮缸；13—右后轮缸

CA7220 型轿车真空助力液压伺服制动系统结构组成。

2. 基础制动系统零件检测与评估

车轮受到撞击后会引起制动盘及制动鼓变形，变形量的检查如图 4-35 所示。

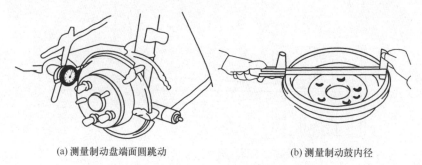

(a) 测量制动盘端面圆跳动　　　(b) 测量制动鼓内径

图 4-35　制动盘及制动鼓变形量的检查

驻车制动器常见的损坏形式是驻车制动拉绳过度弯曲，不能回复原状或拉绳折断。

若出现这种情况，可考虑更换驻车制动拉绳。

（二）ABS 损伤评估

(1) ABS 的常见损坏形式及维修　ABS 零件的常见损坏形式是转速传感器变形、破损，应更换。

若转速传感器线束折断，可修复；若转速传感器齿圈变形，需更换；有些转速传感器与轴承是一体的，更换时需和轴承一起更换。

(2) ABS 各组成部分在汽车上的位置　如图 4-36 所示。

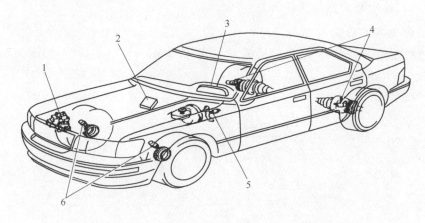

图 4-36　ABS 各组成部分在汽车上的位置

1—制动压力调节器；2—ABS ECU；3—ABS 指示灯；4—后轮轮速传感器；5—制动灯开关；6—前轮轮速传感器

（3）ABS 的常见损坏形式及维修 ABS 零件的常见损坏形式是转速传感器变形、破损，应更换。

若转速传感器线束折断，可修复；若转速传感器齿圈变形，需更换；有些转速传感器与轴承是一体的，更换时需和轴承一起更换。

（4）ABS 的基本检查 ABS 基本检查包括以下几个方面。

① 检查驻车制动是否完全放松。

② 检查制动液面是否在规定的范围之内。

③ 检查 ABS 电脑导线插头、插座的连接是否良好，连接器及导线是否损坏。

④ 检查 ABS 所有的继电器、熔丝是否完好，插座是否牢固。

⑤ 检查蓄电池容量和电压是否在规定的范围之内，检查蓄电池正负极导线连接是否牢靠，连接处是否清洁。

⑥ 检查 ABS 电脑、制动器等搭铁端的接触是否可靠。

⑦ 检查轮胎花纹的深度是否符合规定，检查轮胎压力是否符合要求。

⑧ 检查 ABS 各零部件有无明显损伤。

⑨ 检查制动报警灯工作是否正常。

如果以上基本检查不能确定故障部位，应用检测仪进行检查。

ASR 系统的零部件与 ABS 的基本一致，因此 ASR 零件检测与评估可参考 ABS 进行，如图 4-37 所示。

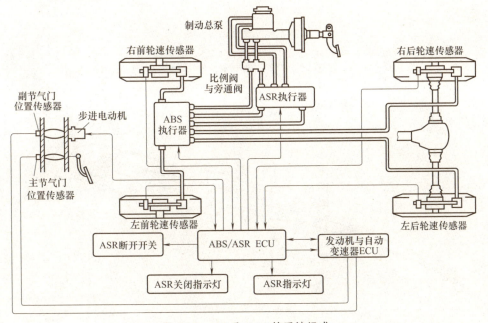

图 4-37 ABS 和 ASR 的系统组成

三、转向系统损伤评估

转向系统是指由驾驶员操纵,用来改变和恢复汽车行驶方向的专设机构。其功能是按照驾驶员的意志进行转向行驶。转向系统分为机械转向系统和动力转向系统两大类。

(一)机械转向系统损伤评估

(1) 转向操纵机构(图 4-38) 如图 4-39 所示为现代汽车上采用的安全转向柱。

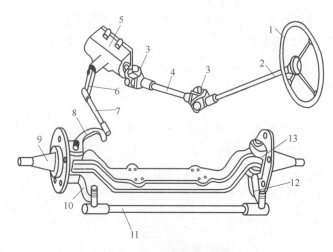

图 4-38 转向操纵机构

1—转向盘;2—转向轴;3—转向万向节;4—转向传动轴;5—转向器;6—转向摇臂;7—转向直拉杆;8—转向节臂;9—左转向节;10,12—梯形臂;11—转向横拉杆;13—右转向节

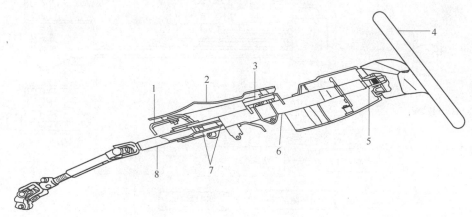

图 4-39 安全转向柱

1—弯曲支架;2—车身;3—分离式支架;4—转向盘;5—上转向轴;6—转向柱管;7—塑料销;8—下转向轴

当汽车发生事故时，驾驶员身体撞击转向盘，塑料销受冲击力折断，上轴滑入下轴中，同时转向盘下的膜盒也碎裂，弯曲支架被撞弯，从而吸收了撞击能量，减轻了对驾驶员的伤害（图4-40）。

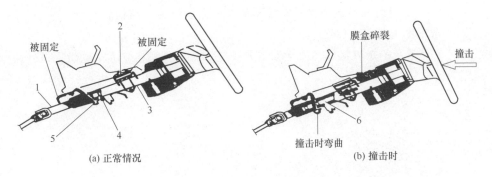

图4-40 转向柱能量吸收装置

1—下转向轴；2—分离式支架；3—转向柱管；4—塑料销；5—弯曲支架；6—上转向轴

这种安全转向柱在受冲击损坏后不能修复，必须更换。其他类型的转向柱应仔细检查，若无损坏，则不必更换。

(2) 转向器　中小型客车上广泛采用齿轮齿条式转向器，大中型客车或货车上常用循环球式转向器和蜗杆曲柄指销式转向器。

在轿车的承载式车身结构中，大多齿轮齿条转向器总成安装在前围板上，也有的固定在前悬架横梁上或者发动机托架上。

定损员应能区分事故损坏和磨损引起的损坏两者的区别，并进行细心而彻底地检验，判断哪些修理是属于保险责任范围内的。

转向器碰撞损坏除了弯曲、变形、破碎外，还有外表虽然看不见损坏痕迹，但实际上内部有损坏的，这就需要转动转向器，看是否有发卡的现象，若有，可考虑更换转向器。若转向器间隙过大无法调整，则可能是碰撞前磨损造成的，与碰撞无关。

(3) 转向传动机构（图4-41）　若转向摇臂轴、转向节臂、转向横拉杆、转

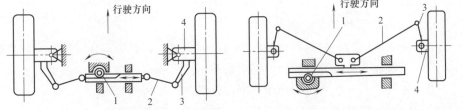

图4-41 与独立悬架配用的转向传动机构

1—转向器；2—转向横拉杆；3—转向节臂；4—转向节

向直拉杆弯曲、裂纹或变形，从安全角度出发应以更换为主。

（二）动力转向系统损伤评估

1. 液压动力转向系统

图 4-42 所示为马自达 6 型轿车液压动力转向系统组成结构。

2. 电动助力转向（EPS）系统

汽车上常用的是直接助力式电动转向系统，是一种直接依靠电动机提供辅助转矩的动力转向系统。

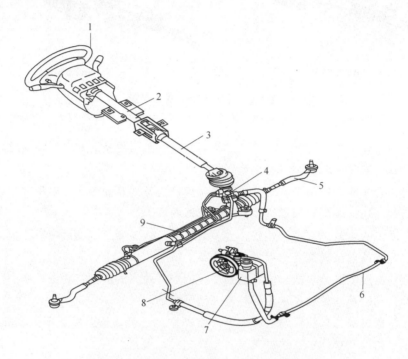

图 4-42　马自达 6 型轿车液压动力转向系统

1—转向盘；2—转向轴；3—转向万向传动装置；4—转向控制阀；5—转向横拉杆；6—油管；
7—转向油罐；8—转向液压泵；9—机械转向器（转向动力缸）

3. 动力转向系统零件检测与评估

（1）检查液压助力转向系统是否漏油，并确定是否是因碰撞造成的。若是碰撞造成的，修复或更换漏油部件由保险公司承担；否则，由客户承担维修费用。

（2）液压助力转向系统需排净空气，否则易引起转向异响。

（3）动力转向系统部件破碎、裂纹、弯曲等，可考虑更换。

（4）电动助力转向器价值较高，定损时应注意，电动助力转向器的线路及传感器故障也能引起电动转向器不工作。

四、行驶系统损伤评估

汽车行驶系统的功能是支持全车并保证车辆正常行驶。
轮式汽车行驶系统一般由车架、车桥、车轮和悬架组成。

1. 车架损伤评估

(1) 车架　如图 4-43 所示。

(2) 车架的检测与评估　车架以修复为主,若因碰撞引起过度弯曲、扭曲或严重碎裂,可考虑更换。

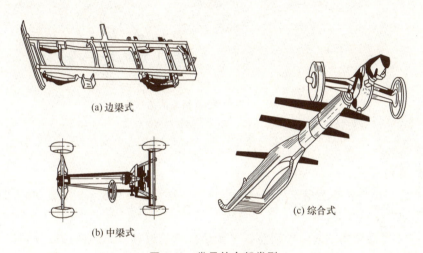

图 4-43　常见的车架类型

2. 车桥损伤评估

(1) 车桥　如图 4-44 所示。

(2) 车桥的检测与评估

① 前桥的变形检查。当车轮或车桥受到外力碰撞时常会造成前桥变形。若前桥变形严重,则可考虑更换。

② 悬臂式后桥及后轮毂短轴变形检测。

a. 首先检查后轮毂短轴是否变形(均匀测量 3 个方向的尺寸,读取卡尺的读数)。若后轮毂短轴变形,可更换。

b. 然后检查后轮定位是否正确。

c. 如果后轮定位失准,要考虑后桥是否变形,可按简易方法测量后桥的基本尺寸来判断后桥是否变形,也可对后桥替换前后的定位数据进行对比来判断后桥的变形。

(3) 四轮定位的检测　四轮定位仪是专门用来测量车轮定位参数的设备,可测量的项目包括主销后倾角、主销内倾角、前轮外倾角、前轮前束、后轮外倾

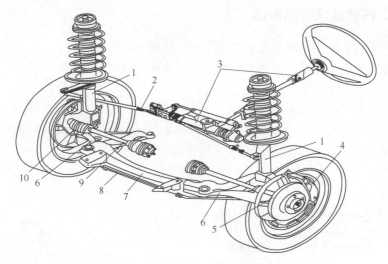

图 4-44 桑塔纳 2000 轿车的前车桥
1—悬架；2—转向横拉杆；3—转向装置总成；4—前轮制动器总成；5—制动盘；6—下摆臂；
7—副车架；8—横向稳定器；9—传动半轴总成；10—外球笼

角、后轮前束等。

当汽车出现转向沉重、汽车行驶不稳定、轮胎偏磨等现象时，应进行车轮定位检测。

① 主销后倾角的故障与调整。主销后倾角的调整，必须通过改变悬架装置来实现。对于非独立悬架结构，主销后倾角是在悬架安装后由结构尺寸所保证的。因此，调整主销后倾角时，可在钢板弹簧下部与车轴的接触面之间垫以不同厚度的楔形铁片来调整。

对于独立悬架结构，主销后倾角是由悬架安装尺寸所保证的，有的车型可以通过改变前悬架纵拉杆的长度来调整，有的车型则不能调整。

② 主销内倾角的故障与调整。内倾角不符合规定时，须对前轴进行矫正。对于独立悬架的汽车，主销内倾角与车轮外倾角可通过调整摆臂长度来改变。

③ 车轮外倾角的故障与调整。当车轮外倾角不符合规定时，须检查车轮轴承是否松旷、转向节铜套是否磨损和转向节轴是否变形、独立悬架的下摆臂球头胶套是否松旷等，根据故障情况修复或更换损坏零部件后，再进行定位的调整。

④ 车轮前束的故障与调整。前束过大，轮胎外侧磨损严重；前束过小，轮胎内侧磨损加快。车轮前束值的大小可通过改变转向梯形机构的横拉杆长度来实现。

3. 车轮与轮胎损伤评估

轿车大多采用铝合金或钢制车轮，铝合金车轮轻微擦伤可通过打磨抛光维修，钢制车轮唇缘向内或向外的轻微弯曲可予以矫正来修复，然而，如果弯曲延伸到凹槽第一台阶，它将会引起车轮转动时严重摆动，这种形式损坏的车轮必须予以更换。更换的车轮必须与原装车轮的规格（负载能力、直径、宽度等参数）相同。不合适的车轮会影响轮胎和轴承的寿命、车辆行驶的稳定性，并影响里程表和转速表的校准。

4. 悬架损伤评估

(1) 悬架　如图 4-45、图 4-46 所示。

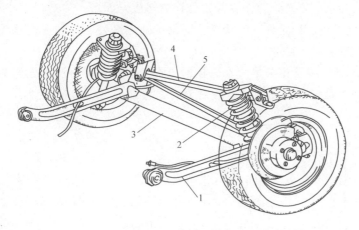

图 4-45　非独立悬架

1—纵向推力杆；2—螺旋弹簧和减振器总成；3—后轴；4—加强杆；5—横向推力杆

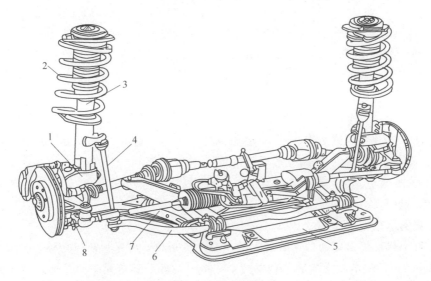

图 4-46　独立悬架

1—转向节；2—螺旋弹簧；3—筒式减振器；4—连接杆；5—前托架；6—横向稳定杆；
7—下摆臂；8—球头销

(2) 主动悬架 汽车电控主动悬架系统可以通过调节悬架的刚度、减振器阻尼和车高控制，使悬架在不同的条件下具有不同的弹簧刚度和阻尼减振，从而满足行驶平顺性要求和操纵稳定性要求，同时又能达到安全行驶的目的。

(3) 悬架主要相关零件检测与评估 对受损车辆需要用四轮定位来确定其状态好坏，在矫正好车身或车架、更换变形的悬架零件后，再做车轮定位检测。如此时车轮定位检测仍不合格，再根据其结构及受力情况判断具体的损伤部件，然后更换损伤部件，直至车轮定位检测合格为止。

① 悬架弹簧、稳定杆、下摆臂、副梁、减振器柱管等如有明显撞击痕迹及变形，应更换。

② 减振器主要鉴定其是否在碰撞前已损坏。检查减振器有无漏油，区分事故造成漏油还是机件磨损渗油（通过查看油痕即可区分，旧油泥为机件磨损渗油，新油为事故造成漏油）。

事故造成漏油，则应更换；拆下减振器，检查有无变形、弯曲，有则予以更换；用手握住减振器两端，将其拉伸和压缩，若拉伸或压缩时用力都极小，表明减振器功能减退，与事故损坏无关。

③ 对于无明显变形的零件，要仔细检查可能的变形部件是否有爆漆现象。大多数变形伴随局部爆漆现象。

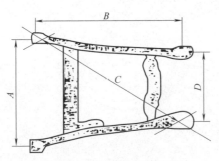

图 4-47 副车架的变形检测

④ 副车架的变形检测。副车架的变形影响到前轮定位，对其检测可通过图 4-47 所示的基本尺寸检测对变形量加以判断；如果有车轮定位检测设备，可通过对副车架替换前后的定位数据进行比对来判断副车架的变形。

(4) 电控主动悬架相关零件的检测与评估

① 电控主动悬架碰撞后不工作，要检查是否是熔丝或线路折断，不可盲目换件。

② 电控主动悬架工作不正常，要检查是否管路有弯曲、折断、漏气或漏油现象。

③ 零部件破碎、扭曲变形可考虑更换。

④ 传感器、执行器若外表无损伤，应通过诊断仪读取故障码，来判断零部件是否损坏。

案例示范：

刘小姐发现自己的羚羊世纪星轿车起步不平稳，有异响故障，轿车行驶里程为 6800km，该车起步不稳，离合器处有异响，离合器不能平稳结合，车身发生抖动。于是到 4S 店维修，维修服务顾问接待了王小姐并询问了车辆的基本信息，信息登记好后王小姐在 4S 店休息等待维修，此时维修车间主任正在进行试车并进行车辆故障评估。

(1) 刘小姐驾驶车辆进站后维修服务顾问按照接车流程进行接车，首先做了自我介绍并询问刘小姐车辆来厂的目的，套好室内三件套之后进行车内检查及环车检查并填好接车单。

(2) 填好接车单之后，服务顾问引领刘小姐到客户休息室内休息并给刘小姐送上茶水饮料。接待一直到维修完毕需要经历一段时间，在这期间，维修服务顾问经常与刘小姐取得沟通联系，告诉刘小姐大致等待维修的时间和自己的岗位职责，如有新的维修情况会及时告知。

(3) 刘小姐在客户休息室内休息并等待车辆维修，维修技师评估与检查。先采用经验法确定故障部位。如果踏下离合器踏板，离合器处于分离状态发抖，则可能是由于分离轴承或分离拨叉卡滞；如果踏下离合器踏板无阻滞感，感觉轻松，但仍发抖，则故障部位可能在压盘膜片弹簧上；如果松开离合器后发抖，即离合器处于接合状态时发抖，则可能是离合器片上扭转缓冲弹簧断裂或失去弹性；如果轿车行驶途中和换挡时踏动离合器踏板均发抖，则可能是离合器盖螺栓松动造成离合器发抖。

按照以上经验方法，根据故障特征，拆检离合器，检查重点部位，结果拆检后未发现离合器部件损坏。

进一步仔细检查离合器部件，发现离合器盖外观粗糙，盖与飞轮接合部分不平整，询问车主，方知该车更换过离合器。试车中还发现一个特征：即离合器发抖的振动频率随发动机转速的升高而增长，这说明该车更换了不合格离合器盖，离合器动平衡被破坏。

离合器动平衡应在平衡架上检验和校正。经检验，该车离合器动平衡超标(不平衡量应不大于2g·cm)。鉴于该离合器动不平衡系更换不合格离合器盖造成，因此更换了合格的离合器盖附件板总成。再次在平衡试验架上检验，达到规定要求，装车后，离合器颤抖故障排除。如图4-48所示。

图4-48 故障检修并排除

经试车故障排除。维修服务顾问开始向客户进行交车准备并陪同顾客验车。

第三节
保养业务接待

汽车保养是指定期对汽车相关部分进行检查、清洁、补给、润滑、调整或更换某些零件的预防性工作,又称汽车维护。保养的目的是保持车容整洁,技术状况正常,消除隐患,预防故障发生,减缓劣化过程,延长汽车的使用周期。

对于服务顾问来说,掌握一定的汽车保养常识能更好地完成岗位工作,提升服务质量。

车辆在日常运行中要承受各种负荷,有时甚至是很高的负荷。为了承受住这些负荷,一些车辆部件使用了必须定期更新的行车辅助材料(例如机油)。其他部件在车辆运行时会磨损,且在磨损后必须更新(例如制动摩擦片)。此外,定期地检查车辆能够及时识别出现的行车故障并避免由此产生的较大维修需要,如图4-49所示。

按厂家要求进行保养检查

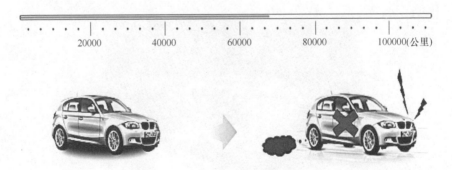

未按厂家要求进行保养检查

图4-49 保养维护对车辆的重要性

车辆的保养检查有助于客户车辆的保值。在保养检查时一方面观察与功能有关的项目；另一方面观察与车辆运行时的安全有关的项目。

保养维护工作主要以检查和调整为主，对发动机、传动、悬挂、制动、转向等系统的检查，可以及时发现和解决存在的隐患及故障，避免更大故障的发生，拥有安全的驾驶环境。

一、保养维护的类型

车辆生产厂家不同，保养的时间、里程也不同。目前车辆的保养维护周期的计算有两种方式，其一是周期保养（Periodic Service）；其二是车况保养（如宝马的 Condition Based Service，简称 CBS）。

周期保养（Periodic Service）即车辆达到某一里程或间隔一定时间后对车辆进行综合换油保养或进行维护检查，如表 4-3 所示为福特福克斯的保养周期。

表 4-3 福特福克斯的保养周期

（首保:5000公里/6个月 二保:10000公里/12个月 间隔:5000公里/6个月）
注：●更换 ○检查 —无需更换

保养项目/里程	5000公里/6个月	10000公里/12个月	15000公里/18个月	20000公里/24个月	25000公里/30个月	30000公里/36个月	35000公里/42个月	40000公里/48个月	45000公里/54个月
发动机机油	●	●	●	●	●	●	●	●	●
机油滤清器	●	●	●	●	●	●	●	●	●
空气滤清器		●		●		●		●	
燃油滤清器		●				●			
全部火花塞						●			
变速器油（AT）	○	○	○	○	○	○	○	●	○
转向助力液	○	○	○	○	○	○	○	●	○

续表

	(首保:5000公里/6个月 二保:10000公里/12个月 间隔:5000公里/6个月) 注:● 更换 ○ 检查 — 无需更换								
保养项目/里程	5000公里/6个月	10000公里/12个月	15000公里/18个月	20000公里/24个月	25000公里/30个月	30000公里/36个月	35000公里/42个月	40000公里/48个月	45000公里/54个月
整车制动液	○	○	○	○	○	○	○	●	○
空调滤清器				●				●	
发动机冷却液	视检查结果定								
前制动器	视检查结果定								
后制动器	视检查结果定								

车况保养（如宝马的 Condition Based Service，简称 CBS），即以车辆状况或保养需求为导向的保养服务，先进的随车监控系统，随时监控车辆状态，根据驾驶习惯、行驶条件，将按照实际需求应做的常规保养/检查项目及时通知驾驶者，如图 4-50 所示为 BMW 车况保养信息。

图 4-50 BMW 可达里程和保养周期

保养检查周期在今天的高端车辆中不再仅由已行驶的里程数决定，而是根据车辆的实际总体使用情况确定。

车况保养 CBS 是一种折中方式，即不会使保养太过频繁，也不会使保养周期太过死板（更换一些仍可使用很长时间的保养零件）。其目标是在对每辆车提供理想的保养的同时，使保养更经济。

车况保养对重要零件的磨损情况进行监测。通过传感器能够确定何时需对零件进行更换或升级。即使如空调微尘滤清器这种磨损程度不可直接测量的磨损，系统也能使用演算法决定何时应进行保养检查。

通过行驶里程、温度、驾驶方式等多个参数为该系统提供信息。总体来说，由于只在必要时对车辆进行检修，所以车况保养能够最大限度地保证车辆安全性能，并且能够使车辆在路上行驶的时间更长。

二、首次保养

新车上路行驶到首次保养这段时间，称之为磨合期。车的首次保养称为磨合保养，根据车型的不同磨合保养的公里数从 3000km 到 5000km 不等，而在这个公里数以内的 1500km 是谨慎期，是磨合保养中的重中之重。

在磨合期内，由于发动机、变速箱等的齿轮还没有完全磨合顺畅，各部件之间的配合未达到最佳状态，所以在磨合期内车辆一般不能开得太快，一般要求车速不超过 100km/h，发动机转速不超过 3000r/min。

磨合期到时，必须到 4S 店进行首保。对于首保的时间或者里程要求，各个厂家并不一致，这主要取决于厂家对车辆保养维护的要求。

汽车首次保养应对以下项目进行检查、维护：

1. 检查液面或添加项目

(1) 发动机机油、机滤更换。

(2) 发动机冷却液检查。

(3) 制动液检查。

(4) 助力转向液检查。

(5) 玻璃水检查补充。

2. 检查项目

(1) 发动机、变速箱有无渗漏。

(2) 管路和壳体的密封及状况。

(3) 风窗洗涤机构和液面。

(4) 转向机构和传动轴防尘套的密封及状况。

(5) 三角臂和连接杆球头的密封及状况。

(6) 前后减震器的状况。

(7) 轮胎的状况和气压（包括备胎）。

(8) 灯火和喇叭的工作状况。

(9) 蓄电池状态。

(10) 排气管和车身底部。

(11) 离合器行程或自调机构。

(12) 手制动状况。

(13) 检查火花塞是否有积炭,更换。

(14) 对全车灯光进行检查和调试。

(15) 使用软件对车载电子系统进行检查,可增加调试出行车 15km/h 或 20km/h 车门自动落锁(停车时不能自动解锁,只能手动解锁)及停车后开关门锁鸣笛一次功能(不过鸣笛声太大了,夜晚在小区内泊车怕影响别人休息)。

(16) 前后车门铰链检查及添加润滑油,车门及天窗玻璃自动开启及关闭检查。

(17) 发动机冷却液、风窗清洗液、刹车油液位、电瓶液检查。

(18) 最后对车辆底盘进行检查。

(19) 行驶检查减震和刹车系统。

(20) 其他需要检修的项目。

三、日常维护与一级维护

在经过首保之后,汽车会逐渐进入一个使用性能最佳的状态,在这个阶段,车主只需要做好汽车的日常维护,车辆就会保持在一个较好的技术状态。

中华人民共和国国家标准《汽车维护、检测、诊断技术规范》(GB/T 18344—2016)中对常规保养做了详细规定,文中规定要对汽车外观、发动机外表进行清洁,保持车容整洁;对汽车各部润滑油(脂)、燃油、冷却液、制动液、各种工作介质、轮胎气压进行检视补给;对汽车制动、转向、传动、悬挂、灯光、信号等安全部位和位置以及发动机运转状态进行检视、校紧,确保行车安全等。

除日常维护作业外,以清洁、润滑、紧固为作业中心内容,并检查有关制动、操纵等安全部件,由维修企业负责执行的车辆维护作业被称为一级维护。如表 4-4 所示为一级维护的作业内容。

表 4-4　一级维护作业内容

序号	项目	作业内容	技术要求
1	点火系	检查、调整	工作正常
2	发动机空气滤清器、空压机空气滤清器、曲轴箱通风系空气滤清器、机油滤清器和燃油滤清器	清洁或更换	各滤芯应清洁无破损,上下衬垫无残缺,密封良好;滤清器应清洁,安装牢固

续表

序号	项目	作业内容	技术要求
3	曲轴箱油面、化油器油面、冷却液液面、制度液液面高度	检查	符合规定
4	曲轴箱通风装置、三效催化转化装置	外观检查	齐全、无损坏
5	散热器、油底壳、发动机前后支垫、水泵、空压机、进排气歧管、化油器、输油泵、喷油泵连接螺栓	检查校紧	各连接部位螺栓、螺母应紧固，锁销、垫圈及胶垫应完好有效
6	空压机、发电机、空调机皮带	检查皮带磨损、老化程度，调整皮带松紧度	符合规定
7	转向器	检查转向器液面及密封状况，润滑万向节十字轴、横直拉杆、球头销、转向节等部位	符合规定
8	离合器	检查调整离合器	操纵机构应灵敏可靠；踏板自由行程应符合规定
9	变速器、差速器	检查变速器、差速器液面及密封状况，润滑传动轴万向节十字轴、中间承，校紧各部连接螺栓，清洁各通气塞	符合规定
10	制动系	检查紧固各制动管路、检查调整制动踏板自由行程	制动管路接头应不漏气，支架螺栓紧固可靠。制动联动机构应灵敏可靠、储气筒无积水、制动踏板自由行程符合规定
11	车架、车身及各附件	检查、紧固	各部螺栓及拖钩、挂钩应紧固可靠，无裂损，无窜动，齐全有效
12	轮胎	检查轮辋及压条挡圈；检查轮胎气压（包括备胎），并检情况补气；检查轮毂轴承间隙	轮辋及压条挡圈应无裂损、变形；轮胎气压应符合规定，气门嘴帽齐全；轮轴承间隙无明显松旷

四、二级维护

除一级维护作业外，以检查、调整转向节、转向摇臂、制动蹄片、悬架等经过一定时间的使用容易磨损或变形的安全部件为主，并拆检轮胎，进行轮胎换位,检查调整发动机工作状况和排气污染控制装置等,由维修企业负责执行的车辆维护作业被称为二级维护。

汽车经过一段较长时间的使用(如 30000km/12 个月)后,必须进行全面的检查和调整,以保证安全性、动力性和经济性能达到使用要求。二级维护是对汽车进行一次较为彻底的技术维护作业。在维护中,由于各种车辆结构不同,制造质量的差别,使用情况的不同,其维护项目和要求也不相同。因此,维护作业应参照制造厂方的规定安排进行,以免造成不必要的浪费和机件的损坏。

中华人民共和国国家标准《汽车维护、检测、诊断技术规范》(GB/T 18344—2006)中对二级维护做了详细规定,大致概括为发动机、底盘、电气设备等部分的检查、诊断及维护作业,具体内容可参考该国家标准,在此不再累述。

实例示范:

以行驶里程为 5000km,上路时间为 3 个月的 BMW320 为例。

(1)使用的材料

使用的材料有方向盘套、脚垫、座椅套、车辆挡块及车辆一台。

(2)实施步骤(见表 4-5)

表 4-5　实施步骤

步骤、作业内容及技术要求	图　解
1. 安装车辆防护套件 拉紧手刹,将车辆挡块安装在车辆前后位置,使车辆固定牢靠,将方向盘套、脚垫、座椅套正确安装在相关部位 温馨提示 操作人员身上不要佩戴锋利、坚硬饰品,以免损伤漆面、汽车装饰品等易伤物品	
2. 打开点火开关 将点火开关置于"ON"的位置,即电源接通但不启动发动机 温馨提示 不同车型的点火开关接通方法不同	

续表

步骤、作业内容及技术要求	图　解
3. 查看车辆行驶里程信息 在仪表台上可以查到车辆的里程信息,将显示的数据记录下来 温馨提示 行驶里程信息一般以"km"为单位	
4. 查看车辆保养时间 一般情况下,车辆在保养时工作人员会将保养时间做记录,查找到该信息后与本次时间比较,按照厂商要求判断车辆是否需要保养 温馨提示 本案例中的车辆自带车辆状态系统,可通过车辆状态查看	
5. 查看车辆保养需求 如果车辆需要保养,需根据厂商要求查看车辆保养项目 温馨提示 本案例中自带 CBS 系统,可根据 CBS 系统提示判断是否需要保养	 正常　保养到期　保养过期
6. 记录保养项目 将需要保养的项目进行记录,并告知客户 温馨提示 本案例中的车辆行驶里程为 5000km,上路时间为 3 个月,CBS 提示各系统工作正常无需保养	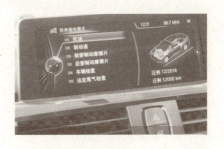

第四章　汽车维修业务接待专业能力素养

续表

步骤、作业内容及技术要求	图　解
7. 任务完成,进行工具和场地的5S整理工作	

第四节
涂装维修业务接待

车辆在使用的过程中难免会遇到碰擦,这就需要涂装作业。在汽车维修企业,涂装维修业务接待是非常重要的工作之一。在进行涂装维修业务接待过程中,需要接车人员能判断漆面的损伤情况,大致估算维修时间、维修费用等。

在汽车涂装业务接待中,首先要判断漆面是否曾经维修过。对于没有维修过的漆面,只需判断车辆的损伤部位、面积及损伤程度(是否需要钣金维修)即可。对于已经维修过一次或多次的漆面,要判断车辆维修时使用了什么类型的油漆,采用了什么样的维修工艺,维修了几次等。

一、汽车油漆基础知识

对于涂装业务接待人员,必须熟悉汽车油漆的类型、功能及原厂漆膜的要求。

汽车在运行中,由于受各种环境的影响,如风吹、雨淋、盐碱侵蚀、冷热变化或因事故造成破损等,使涂层表面发生开裂、粉化、变色、脱落等,均需要进行修补或在新表面上喷涂。同时,油漆还可以起到以下作用。

(1) 保护的作用。汽车车体材质大部分是钢板,而钢板如果与空气中的氧气和水汽结合会氧化而导致锈的产生,所以涂装是保护车体最大的目的。

(2) 美观的作用。车身钢板的角度很多,有直角、平面、弧角等,如果将其表层施以颜色，就会展现出立体及色彩美感。

（3）价值的作用。两部同款式的轿车会因为涂装色彩的差异，使其价值观也不同。

（4）识别的作用。可用于救护车、巡逻车、出租车等，也可以让自己的爱车个性化。

（一）汽车油漆的组成

现代汽车涂料大多为树脂涂料，其基本构成可以归纳为树脂、颜料、溶剂及添加剂四大部分。

1. 树脂（图4-51）

图4-51 树脂

树脂是涂料最基本的组成物质，外观呈透明状，是非结晶型半固态或固态有机化合物。树脂分子量一般较高，多数可溶于有机溶剂（如醇、酯、酮等），而难溶于水或不溶于水。将树脂与有机溶剂制成的溶液，涂在物体表面，待溶剂挥发后能形成一层连续的固体薄膜。树脂决定着涂膜的表面性能（丰满度、光泽等）、耐候性能（硬度、附着力、耐水、耐起泡等）和施工性能（主要指干燥特性）。树脂是涂料的主要成膜物质，对涂料的性能起着决定性的作用。因此，树脂的种类常被用于定义涂料的种类，如以丙烯酸树脂为基料的涂料被称为丙烯酸涂料。

根据其来源，树脂可分为天然树脂和合成树脂。天然树脂一般是从动物和植物中提炼出来，如虫胶、松脂等，使用比较方便，但选择性较少且耐候性较差；合成树脂主要是由炼油工业提炼出来的，又分为热塑性树脂和热固性树脂，见表4-6。

热塑性树脂是可还原树脂，在高温时软化及容易被溶剂溶解，如硝基纤维脂。热固性树脂是不可还原树脂，高温时产生化学反应，冷却后树脂不会再受热软化，硬度好、耐溶剂性强，如丙烯酸树脂。

表 4-6 树脂的种类

序号	树脂类别	主要成膜物质
1	油脂	天然植物油、鱼油、合成油等
2	天然树脂	松香及其衍生物、虫胶、乳酪素、动物胶等
3	酚醛树脂	酚醛树脂、改性酚醛树脂、二甲苯树脂等
4	沥青	天然沥青、煤焦沥青、硬质酸沥青、石油沥青
5	醇酸树脂	甘油醇树脂、季茂四醇及其他醇类的醇酸树脂等
6	氨基树脂	脲醛树脂、三聚氰胺甲醛树脂
7	硝基纤维树脂	硝基纤维素、改性硝基纤维素
8	纤维酯、纤维醚	乙酸纤维、苄基纤维、乙基纤维、乙酸丁酸纤维等
9	过氯乙烯树脂	过氯乙烯树脂、改性过氯乙烯树脂
10	烯类树脂	含烯类聚合物树脂、含氟树脂、石油树脂等
11	丙烯酸树脂	丙烯酸树脂、丙烯酸共聚树脂及其改性树脂
12	聚酯树脂	饱和聚酯树脂、不饱和聚酯树脂
13	环氧树脂	环氧树脂、改性环氧树脂
14	聚氨基甲酸酯	聚氨基甲酸酯
15	元素有机聚合物	有机硅、有机钛、有机铝
16	橡胶	天然橡胶及其衍生物、合成橡胶及其衍生物
17	其他	以上 16 类以外的成膜物质,如无机高分子材料等

2. 颜料（图 4-52）

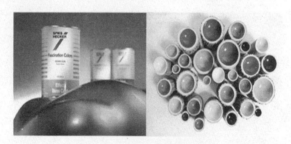

图 4-52 颜料

颜料是白色或有色固体粉末,不溶于水及有机溶剂,是涂料中不挥发的部分之一。颜料的作用是赋予颜色、遮盖基底、改善涂料性能、增强装饰及保护效果。

根据功能分类,颜料可分为着色颜料、体质（填充）颜料、防腐颜料及特殊效果颜料等。着色颜料是指底漆或面漆中提供颜色的部分；体质颜料又称填充颜料,一般是来源于矿物质的无机物,其作用是改进涂料的物理性能、力学性能及降低成本；防腐颜料是在涂料中所使用具有防腐蚀特殊功能的颜料；常见的特殊效果颜料有铝粉、珠光颜料、干涉珍珠等，其作用是使涂料具有特殊的装饰效果，见表4-7。

表4-7 颜料种类及作用

颜料种类	作用	举例
着色颜料	提供颜色，遮盖底材	色漆
体质颜料	使涂料具有填充性，提高强度、浓度	腻子
防腐颜料	主要用于底涂层，起到防锈效果	防锈底漆
特殊效果颜料	使涂层具特殊效果，如金属或珍珠色彩，降低涂层的光泽	珍珠漆

3. 溶剂（图4-53）

溶剂的主要作用是溶解、稀释树脂。除此之外，还能调整涂料的干燥特性，提高涂膜的表面平整度等。值得注意的是不同涂料使用的溶剂不同，不能混用。

溶剂按照其作用的不同分为真溶剂、助溶剂和稀释剂三类。真溶剂是起溶解树脂作用的溶剂，不同的树脂体系所使用的真溶剂是不同的，例如丙烯酸需要芳香烃和酮类，硝基涂料则需酮类和酯类；助溶剂是起促进真溶剂溶解能力作用的溶剂，例如将醇类溶剂加入硝基涂料中可以提高溶解效果；稀释剂对于特定的树脂不会起溶剂的作用，但可以减少溶剂和产品的消耗，其作用为稀释树脂及分散颜料。

图4-53 溶剂

图4-54 添加剂

4. 添加剂（图4-54）

添加剂用量很少，一般不超过5%，但具有很重要的作用。汽车修补涂装中常用的添加剂有帮助稳定涂料储存、防止涂料沉淀的"防沉淀剂"，帮助涂料在施工过程中流平的"流平剂"，缩短涂料干燥时间的"催干剂"和提高涂料耐候性的"稳定剂"等。涂料配方中一般使用多种添加剂，以使其生产工艺、储存稳定性、施工性及涂膜性能得到有机地结合，最好地满足客户需求，如图4-54所示。

(二)车身涂料的分类

按照涂料中主要成膜物质的不同,涂料可分为17类,见表4-8。按其在涂膜中所起的作用不同,涂料可分为底漆、中涂底漆、面漆及原子灰等。按照施工方法不同,涂料可分为刷漆、喷漆、烘干漆和电泳漆等。按使用效果不同,涂料可分为绝缘漆、防锈漆、防腐漆、耐酸漆、耐热漆等。按是否含有颜料,涂料可分为清漆、色漆和含大量体质颜料的原子灰。按溶剂构成情况不同,涂料分为溶剂型漆、水性漆、无溶剂漆和粉末涂料。按成膜机理的不同,涂料可分为氧化聚合型漆、双组分反应型漆、烘烤聚合型漆和溶剂挥发型漆等。按是否能被溶解,涂料可分为单组分、双组分类型。

表4-8 涂料的类别

序号	代号	类别	序号	代号	类别	序号	代号	类别
1	Y	油脂漆	7	Q	硝基漆	13	H	环氧树脂漆
2	T	天然树脂漆	8	M	纤维素漆	14	S	聚氨酯漆
3	F	酚醛树脂漆	9	G	过氯乙烯漆	15	W	有机硅树脂漆
4	L	沥青漆	10	X	乙烯树脂漆	16	J	橡胶漆
5	C	醇酸树脂漆	11	B	丙烯酸漆	17	E	其他漆
6	A	氨基树脂漆	12	Z	聚酯漆			

1. 底漆

底漆的作用主要是提供附着力和防腐蚀。底漆一般不具备填补车身表面缺陷的能力,但能使得裸露的金属表面适合使用原子灰、中涂底漆以及面漆。它作为被涂表面与涂层之间的媒介层,使两者牢固结合。底漆的种类繁多,如汽车上的材质除钢铁外,还有铝、镀锌铁板及塑料等,针对不同的底材,要选用适当的底漆。正确选择合适的底漆是非常关键的。它不仅可以降低成本,方便施工,而且可以延长漆膜的耐久性,充分发挥漆膜的作用,达到汽车涂装的质量要求。另外,施工方法与涂层的质量也有相当大的关系,如漆膜的厚度、均匀度、干燥程度、稀释剂的使用、施工环境(温度、相对湿度)及涂装表面的预处理等也会影响底漆的涂装质量。汽车用底漆的种类和功能,如图4-55所示。

2. 原子灰

原子灰(俗称腻子)一般呈浆状,体质颜料含量高,主要是用来填补被施工工件不平整的地方。原子灰能使受到损坏的底材恢复到原有的形状,是一种快速而低成本的修补方法。但涂原子灰不能代表钣金的所有修理工作。

在涂原子灰前底材要达到一定的要求,如合理的钣金件安装,表面平整度的变形量应不超过2mm,底材不应有裂口或未焊接的接缝等。否则,过厚的原子灰层会降低涂层的性能,裂口和缝隙会吸进潮气,导致锈蚀的产生,最终会破坏原子灰和金属的结合。汽车在行驶中的震动和应变，会使过厚的原子灰层及处理不当的钣金件变形，造成原子灰层的开裂、脱落。

除此以外，根据汽车涂层的质量要求，合理选择原子灰及正确的施工方法也是非常重要的，它关系到能否发挥原子灰的填补缺陷的能力、施工性能、施工速度和涂层的使用寿命。原子灰的种类及功能，如图 4-56 所示。

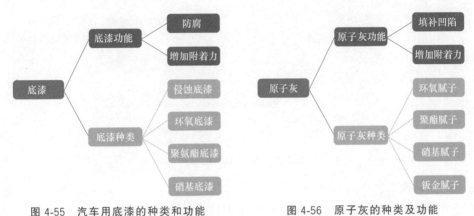

图 4-55　汽车用底漆的种类和功能　　图 4-56　原子灰的种类及功能

3. 中涂底漆

中涂底漆一般因固体分子高，可以得到足够的膜厚（大约 40μm），机械性能好，尤其是具有良好的抗石击性，另外还具有外表平整、光滑、打磨性好、耐水性优良等特点，对汽车整个漆膜的外观和性能起着至关重要的作用。

中涂底漆层在涂层组合中是在面漆层之下的涂层，主要起增强涂层间附着力的作用，加强底涂层的封闭性和填充细微痕迹的作用，因此，中涂底漆层要有一定的附着力、耐溶剂性和填充性，以保证为面漆层提供一个完美的施工表面，并突出面漆的装饰性。作为面漆层与底漆层、腻子层、旧涂层之间的媒介层，中涂底漆层还应具有对底漆层、腻子层、旧涂层、面涂层的良好配套性。目前，在汽车上使用的底漆层、腻子及面漆层品种繁多，性能各异，正确选择中涂底漆层非常重要，这不仅关系到合理使用涂料，发挥中涂底漆层的品质，还关系到节约面漆，降低成本，方便施工以及提高面漆层的装饰性等一系列问题。

另外，中涂底漆涂层的施工方法和条件，如漆膜厚度、干燥条件、喷涂技术、稀释剂的选用、涂料黏度、施工设备、施工环境及腻子作业的质量等都会影响中涂底漆层涂装后的质量，进而影响面涂层的质量。因此，必须重视中涂底漆层在涂层中的作用，重视中涂底漆层的施工质量。中涂底漆的功能，如图 4-57 所示。

中涂底漆还应具备一定的保护车体面板免受碎石弹击伤害的性能及防潮性等功能。车辆在以一定的速度行驶时，这些"特殊子弹"可能会以几百公里的时速

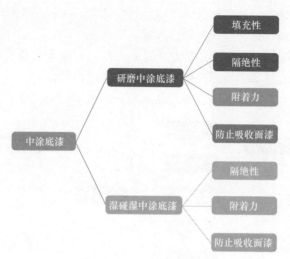

图 4-57 中涂底漆的功能

撞击车身表面。也许有人曾经看到过这种"发射物"撞击挡风玻璃时的可怕效果，这种撞击的能力之大可能会导致需要更换挡风玻璃，这并不罕见。然而，油漆漆膜一定要吸收这种程度的撞击，至少要让底漆涂层不被破坏，否则会导致车门锈蚀。见表 4-9 中涂底漆性能对比。

表 4-9 中涂底漆性能对比

类型 性能	1K 丙烯酸中涂	聚氨酯中涂	1K 硝基中涂
附着力	○	○	⊗
填充性	○	○	○
隔离性	○	○	⊗
抗水性	⊗	○	⊗
干燥性	○	○	○
打磨性	○	○	○
防吸收性	⊗	○	⊗
配合面漆颜色	⊗	○	⊗

注：⊗——差；○——一般；◎——好。

4. 面漆

面漆涂层是指涂于工件最外层的漆膜；是涂层组合中唯一可见的部分，起着装饰、标示和保护底材的作用。它直接与各种气候条件（如雨、雪、阳光、寒冷、酷暑等）及有害物质（如酸、碱、盐、二氧化碳、硫化氢等）接触，是阻挡这些侵蚀的第一层，配合底漆起到对底材的保护作用。

耐候性是面漆的一项重要指标，要求面漆在极端温变湿变、风雪雨雹的气候条件下不变色，不失光，不起泡和不开裂。

面漆涂装后的外观更重要，要求漆膜外观丰满、无橘皮、流平性好、鲜映性好，从而使汽车车身具有高质量的协调和外形。

面漆还应具有足够的硬度、抗石击性、耐化学性、耐污性和防腐性等性能，使汽车外观在各种条件下保持不变。

面漆按施工工序分类，如图 4-58 所示。

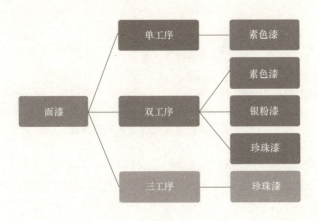

图 4-58　面漆按施工工序分类

喷涂同一种涂料即形成完整的涂层的喷涂系统，称为单工序面漆。单工序面漆通常只用于素色漆施工。如图 4-59 所示。

喷涂两种不同的涂料才能形成完整的面漆涂层的喷涂系统，称为双工序面漆。双工序面漆通常是先喷涂色漆，然后再喷罩光清漆，两种涂层结合在一起才能形成有质量保证的完整的面漆层。多用于素色漆、银粉漆及珍珠漆。如图 4-60 所示。

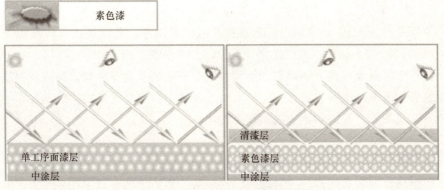

图 4-59　单工序与双工序素色漆系统示意图

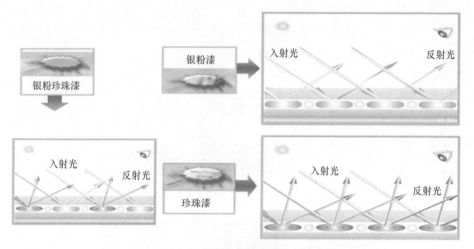

图 4-60 银粉漆与珍珠漆效果示意图

通常是先喷一层打底色漆，然后喷一层珍珠漆，最后喷罩光清漆，三个涂层结合才能形成完整的面涂层，称为三工序面漆。在喷涂珍珠漆时，三工序面漆系统是最常用的。

在面漆系统里，色漆层主要提供色彩和遮盖力，清漆主要起到保护底色漆、银粉漆、珍珠漆、抗紫外线及提高光泽度，使车体显出饱满、艳丽的色泽。

（三）油漆、面漆的鉴别方法

单组分油漆可还原，用稀释剂擦拭损伤区的漆膜，如果掉色说明油漆是单组分油漆；如果用稀释剂擦拭损伤区，漆膜不掉色说明是双组分油漆。使用单组分的油漆耐久性及耐溶剂性差，建议清除或用双组分油漆覆盖。

使用白色棉布（棉花）配合细抛光蜡，擦拭涂层表面。如果漆膜掉色则是单工序面漆；如果漆膜没有颜色掉落则是双工序面漆。

1. 原厂漆

原厂漆（OEM）：汽车制造厂用在生产线上的油漆。此类型油漆仅在温度于120～160℃且20～30min 后产生化学反应，生成油漆漆膜。

原厂漆所用涂料属于烘烤聚合型涂料，在一定的温度下烘烤，使成膜物质分子中的官能团发生交联反应而固化。当然，每种涂料都有一定的烘烤温度，不可随意升高或降低，否则对涂膜的质量有影响。

2. 修补漆

汽车修补涂装是指经钣金修复之平面，加工达到原厂漆要求的表面。由于此时汽车内饰件等零部件均已安装就位，由于原厂漆的工艺要求是用约200℃的温度烘烤。考虑到修补涂装过程的安全性、可靠性，所以油漆修补涂装过程所用的原材料基本上为双组分的（现用现配，使用时间有严格的限制），采用的工序为室温固化或烘烤强制固化工艺。

二、典型汽车油漆损伤接待

在汽车涂装业务接待中，维修业务接待人员对漆面的损伤进行判断时必须知道从哪些方面进行评估，采取什么样的方法进行评估，除此之外，维修业务接待人员还需要了解汽车涂装的维修工艺，为更精准的判断储备必要的知识。

损伤评估的内容一般包括损伤部位、损伤程度、以前的修理状况及底材是什么材料等内容。

车辆入厂评估通常要从损伤情况、车辆颜色、涂层状况等三个方面进行全方位评估，这样既可以保证维修质量、维修时间，也可以防止评估不全面、不仔细导致客户与公司产生纠纷。见表 4-10。

表 4-10 车辆入厂评估

损伤情况	检查损伤位置 检查损伤变形量 检查损伤面积 检查损伤件数	
车辆颜色	检查颜色是否难调 检查是否可以做颜色过渡工艺 检查损伤部位颜色和相邻板件是否有明显色差	
涂层状况	检查面漆类型 检查油漆种类 检查漆膜厚度 检查漆面是否有开裂、剥落、老化等涂层状况	

仔细检查车辆，找出损伤部位，并检查不需要维修的部位是否有其他损伤，以便减少不必要的纠纷。检查时通常应先清洁车辆，洗掉车身上的泥污，在光线较好的地方绕车仔细查看，以确定损伤位置、损伤处变形量、损伤面积及损伤件数。不同损伤部位、损伤程度所采用的维修方法也不同。图4-61是常见损伤部位的维修方法。

图4-61 常见损伤部位的维修方法

金属漆的修补，要使修补处与原漆膜颜色100%的一样是几乎不可能的。因为喷涂的过程中很多的人为因素和环境因素都会影响油漆中颗粒的排列，从而导致在不同角度下出现明显的颜色差异。对车辆进行损伤评估时要检查车身颜色，判断颜色是否难调、是否适合做过渡以及损伤部位的颜色和相邻板件是否有色差是非常有必要的。如图4-62所示。

图4-62 颜色色差判断

涂层状况鉴别主要是为后续修补所选择的工艺、涂料以及维修方法做铺垫。

涂层状况的鉴别主要是鉴别涂膜是否使用了单工序涂料，鉴别旧的涂料是否使用了单组分涂料，检查漆面是否有开裂和剥落、老化等涂装缺陷，检查漆膜厚度以判断是否可以进行再次维修。如图4-63～图4-68所示。

图4-63 底材锈蚀

图4-64 塑料开裂/变形

图4-65 底层腻子太厚

图4-66 漆膜硬度不够

图4-67 涂层龟裂

图4-68 漆膜脱落

汽车涂装维修常见工艺有整板维修和局部维修。整板维修是指在进行漆面维修时必须整板喷涂色漆清漆才能达到维修要求；局部维修是指在进行漆面维修时只需对损伤区喷涂色漆清漆即可达到维修要求。

整板维修工艺如图4-69所示。

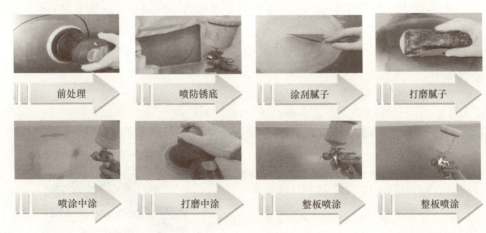

前处理 → 喷防锈底 → 涂刮腻子 → 打磨腻子

喷涂中涂 → 打磨中涂 → 整板喷涂 → 整板喷涂

图4-69 整板维修工艺

前处理是通过对损伤区域的研磨，使损伤区域达到可以施工底漆、腻子的要求，是整个施工过程的前提；底漆具有防锈的性能，能保证损伤区域的金属不会锈蚀；腻子起到填充凹陷的功能，它能弥补损伤区的变形，使损伤区恢复到原来的平整度；中涂漆起到封闭地材的作用，并为面漆的施工创造良好的条件；色漆赋予涂层颜色，并和原车的颜色匹配，使人们看不出来修补的痕迹；清漆的作用是保护色漆，为漆膜提供光泽、亮度。

局部维修工艺如图 4-70 所示。

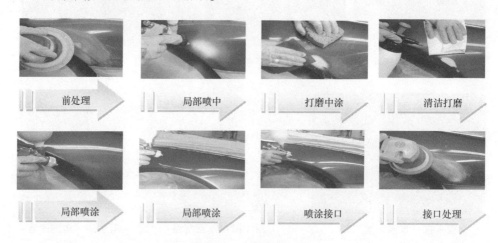

图 4-70　局部维修工艺

喷涂接口处理的目的是让新旧漆面结合处变得不明显，再经过抛光处理使接口消失，看不出修补的痕迹。

实例示范：

以 BMW320 右后门被刮伤，导致门的下部漆面出现损伤为例展开评估。

(1) 使用的材料

使用的材料有方向盘套、脚垫、座椅套、翼子板布、前格栅布、车辆挡块及车辆一台。

(2) 实施步骤（见表 4-11）

表 4-11　实施步骤

步骤、作业内容及技术要求	图　解
1. 清洁车身 用洗车机将车辆彻底清洗，并使用洗车毛巾将水迹擦拭干净，其目的是洗掉水溶性污染物，以方便损伤评估。 温馨提示 操作人员身上不要佩戴锋利、坚硬饰品，以免损伤漆面、汽车装饰品等易伤物品；洗车毛巾使用前应检查是否干净、是否有异物	

续表

步骤、作业内容及技术要求	图解
2. 对氧化的漆膜进行抛光处理 为准确判断漆面颜色,利用抛光蜡对氧化的漆膜进行抛光处理,去除氧化层。 **温馨提示** 抛光时,用粗蜡配合粗抛光盘将漆面氧化层去除掉即可。涂装维修业务接待人员可请油漆师傅协助完成此步骤	
3. 评估损伤情况 检查损伤位置,检查损伤变形量,检查损伤面积,检查损伤件数。 **温馨提示** 按照以上四个方面进行全面评估,并做好记录。评估时可采用多种方法配合评估,如用手触摸损伤区域,用直线尺测量,通过多个角度观察等	
4. 评估车身颜色 检查颜色是否难调,检查是否可以做颜色过渡工艺,检查损伤部位颜色和相邻板件是否有明显色差。 **温馨提示** 一般深颜色比较容易调,浅颜色较难调,且浅颜色喷涂不好容易发现接口。观察颜色时要从多个角度仔细观察	
5. 评估涂层状况 检查面漆类型,检查油漆种类,检查漆膜厚度,检查漆面是否有开裂、剥落、老化等涂层状况。 **温馨提示** 采用观察的方法评估漆面产生的开裂、剥落等问题,使用膜厚仪检测漆膜的厚度,并与原厂漆膜比较做出是否维修过的判断	

续表

步骤、作业内容及技术要求	图　解
6. 得出评估结论 根据以上的评估结果及公司实际维修能力给客户说明大致的维修费用、时间甚至维修方案	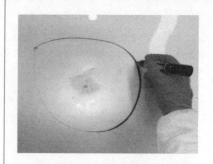
7. 任务完成，进行工具和场地的 5S 整理工作	

第五节　钣金维修业务接待

钣金作业是汽车维修店的支柱业务之一，也是整个维修服务接待的中枢，贯穿汽车维修服务的整个过程。车辆在使用的过程中因种种原因造成车身部件损伤，就需要钣金作业来进行修复。在汽车维修企业进行钣金维修业务接待过程中，需要接维修服务顾问能判断车身的损伤情况，大致估算维修时间、维修费用等。

一、整体式车身及其修复原则

一辆家用轿车行驶过程中发生碰撞事故，导致车辆的前保险杠破损，发动机盖变形，左前照灯移位。

要想完成钣金维修的业务接待工作，维修服务顾问首先要熟悉常见车身结构的分类与特点，理解不同的车身结构对钣金维修工艺的要求。本任务的目的是让学生认识汽车的整体式车身，让学生了解整体式车身的特点及其对车辆钣金作业的影响，熟悉汽车钣金的常见维修工艺及常见维修设备，对汽车钣金有较全面的认识。

整体式车身是汽车的主体，是其实现其系列功能的中枢。维修服务顾问在接待维修车辆时应了解整体式车身的特点、材料分布及相应的维修手段，并能据此大致推断出维修过程需要耗费的时间和资源，这样才能更好、更准确地开展工作。

在汽车钣金业务接待中，首先要了解车辆的整体结构，即车身的所属类型。常见家用轿车车身结构一般都属于整体式车身。

维修服务顾问必须熟悉整体式车身的结构特点，区分车身各个部件的可维修性及维修工艺，从而了解该部件所需的维修周期，这样才能更好地胜任本职工作。

（一）车身结构分类及特点

汽车车身主要有整体式车身和车架式车身两类。

车架式车身结构有 60 多年的历史，目前 0.5t 和 0.7t 货车、越野车及大多数大型货车上应用车架式车身结构。目前，绝大部分家用车都采用了更为舒适和轻量化的整体式车身。出于安全、节能等多方面的考虑，整体式车身在各个部位使用的材料的强度有很大的差别，因而所采用的维修工艺也有所不同。

熟悉整体式车身的特点，了解整体式车身中不同强度的材料在撞击中表现差异，能有助于我们更好地完成钣金事故车的接待工作。

整体式车身（图 4-71）在设计理念上与车架式车身完全不同，因此，它需要新的装配技术、新的材料和完全不同的碰撞修理方法。整体式车身采用了轻型、高强度合金钢和新的处理、校正与焊接技术；悬架系统和操作系统的位置对准和平稳操纵，也要靠整体式车身部件的正确定位来保证，这就需要在修理中保证整个车身的形状与状态。

图 4-71　整体式车身结构（一）

整体式车身的构想是源自现代的飞机机身设计，通常比拟为蛋壳的外形。当用指压蛋壳时，蛋壳能承受相当大的负荷。这是因为手指所施加的力平均分散至蛋壳全体，而没有集中在某一个地方。这种原理在力学上称为"应力外壳结构"。

整体式车身主要有以下特点：

(1) 主要部件焊接在一起，车身结构紧密，碰撞时有助于保护车内乘员。

(2) 没有独立车架，车内空间更大，汽车可以小型化。

(3) 结构紧凑，质量轻。

(4) 整体式车身刚性较大，有助于向整个车身传递和分散冲击能量。

(5) 整体式车身的损坏要比车架式车身的损坏更为复杂，修复前要做彻底的损坏分析。

(6) 车身一旦损坏变形，则需要采用特殊的程序来恢复原来的形状。

由于整体式车身具有较高的集成性，因此表面看来只有一处损伤的事故车，往往还连带着车身其他部位的损伤，甚至两处损伤距离很远。在检查中远离碰撞点的一些不明显的损伤比较容易被忽略，而这些损坏在以后有可能会引起操纵系统或动力系统的故障。

常见整体式车身一般采用发动机前置设计，车身前部结构比车架式车身复杂得多，车身前部不仅装有前悬架构件和操纵联动装置（图4-72），而且装有发动机、传动装置等。车身前部板件承受的载荷大，要求前部车身的刚性要好。

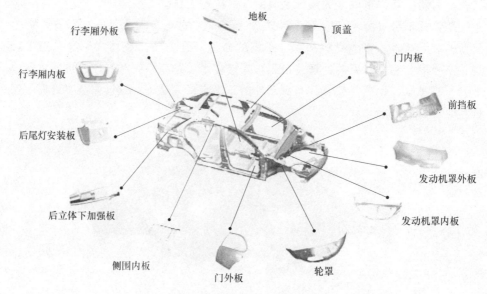

图4-72 整体式车身结构（二）

（二）整体式车身的常见部件及修复原则

依照材料强度和制造工艺，整体式车身的部件一般分为外覆件和结构件。

外覆件主要包括车身表面的金属蒙皮，如图 4-73 所示，从车身主体分离出来的部分都属于外覆件（不包括门框），车顶盖板也属于外覆件。

它们一般是由屈服强度较低的低碳钢冲压制成，具备较好可加工和热处理性能。在没有发生断裂、破损等严重损坏时，具有较好的可修复性。通常用手工具（图 4-74）和快速拉拔设备（图 4-75）就可以对外覆件进行修复，整个修复过程占用的维修时间和空间都比较少，维修成本较低。

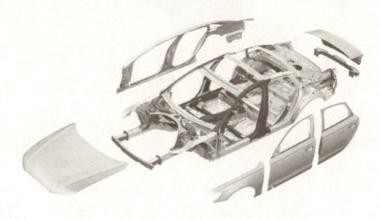

图 4-73　外覆件与结构件

图 4-74　手工具

图 4-75　快速拉拔设备

结构件主要是由高强度钢和超高强度钢通过挤压、铸造等方式制成，具有较高的屈服强度，可加工性能和热处理性能都比较差。在车辆技术手册上，一般用颜色来标示各个部件所用材料的强度，相同的颜色一般标示所用的材料相同。如图 4-76 所示。

图 4-76　整体式车身结构件

　　高强度钢的可加工性能和热处理性能都不理想。因此，在事故车的修理过程中，结构件受到损伤程度一旦超出技术误差范围，就必须借助矫正平台进行（图4-77）精确修复，否则会影响车辆的正常使用，进而引发其他故障。结构件的整个修复过程占用维修时间和空间较多，维修成本较高。事实上，在汽车技术手册中，有不少结构件被规定为"必须通过更换的方式进行维修"。

　　外覆件和结构件在修复性能上有很大差异，造成这种差异的主要原因是它们所采用材料的性能差别很大。除了因屈服强度造成的材料的"软""硬"有很大区别，热处理性能也是影响其可修复性的关键因素。而热处理性能主要则是由材料晶体结构密度决定的。

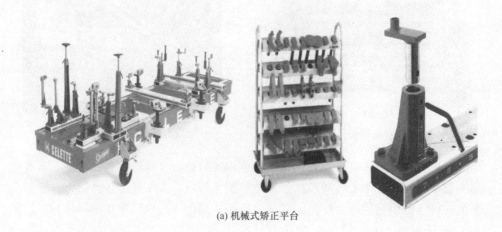

(a) 机械式矫正平台

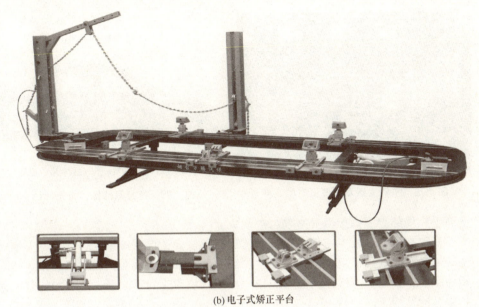

(b) 电子式矫正平台

图 4-77 事故车矫正平台

二、撞击效应

对于维修服务顾问来说，能对车身直接损伤和潜在损伤做出初步判断是工作的重点。本任务的目的是让学生能判断事故车辆的损伤情况，并在此基础上对维修周期、维修成本甚至维修方案做出初步判断。

在汽车钣金业务接待中，维修服务顾问对车身的损伤进行判断时必须了解汽车碰撞的基本理论，熟悉整体式车身针对撞击事故所进行的设计细节，才能知道从哪些方面进行评估，采取什么样的方法进行评估。

(一) 汽车吸能区

汽车受到碰撞时，车身某些部位能吸收碰撞能量，冲撞力就被逐渐扩散到车身更深的部位，直至完全被吸收。如图 4-78 所示，在车辆受到正面撞击时，整个发动机舱发生溃缩，吸收了撞击产生的大部分能量，从而减少中部的乘客舱的变形，达到保护车内乘客的目的。

为了控制汽车间接损坏变形，车身在前部和后部设计了吸能区（抗挤压区）。如图 4-79 所示，在受到撞击时，它们就会按照预定的形式折曲，这样碰撞振动波在传送过程中就被大大减少直至消散。

1. 应力集中

应力集中是指受力构件由于外界因素或自身因素几何形状、外形尺寸发生突

图 4-78 车辆受到正面撞击时的变形

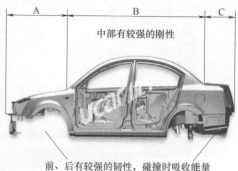
图 4-79 车身吸能区（抗挤压区）

变而引起局部范围内应力显著增大的现象。

汽车在设计过程中在很多局部位置都有意设置了应力集中区，以便在车辆发生碰撞时吸收撞击产生的能。车身主要通过改变部件的截面积和形状、设置转折和曲褶区、开孔等方式来有意造成应力集中，从而达到吸收撞击产生的能量、保护乘客的目的。

汽车在前后纵梁处都有吸能区，图 4-80 为车身前部设置的溃缩吸能区。

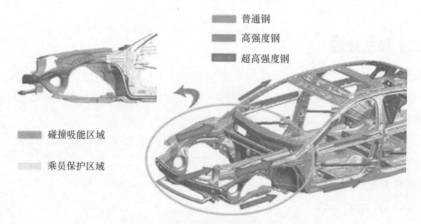
图 4-80 车身前部设置的溃缩吸能区

2. 损伤种类

（1）一次损伤。车辆和障碍物之间的碰撞称为一次碰撞，因一次碰撞所导致的损伤称为一次损伤。

（2）二次损伤。因惯性作用而发生在车内的碰撞称为二次碰撞。二次碰撞所造成的损伤为二次损伤（或惯性损伤）。

（二）撞击路径分析

1. 撞击力的方向

车辆受到撞击时，撞击力将以一个角度传入车辆内并将撞击力分成垂直、纵向、水平三个方向。

若车辆受到撞击时，撞击力没有经过车辆重心，则车辆会产生旋转运动而减轻受损。若撞击力的方向经过车辆的重心，则车辆将不会产生旋转运动，而产生比预期严重的损伤。换句话说，就算是同样大小的撞击力，若是撞击点和方向不同，则车辆所受到损伤也就不同。

2. 撞击效果

车辆以不同的车速碰撞，当被撞击的对象不同时，车辆损坏程度差异就很大。汽车撞上墙壁，其碰撞面积较大，损坏程度就较轻。相反，撞上电线杆，因碰撞面积较小，其撞坏程度就较严重，例如汽车保险杠、发动机罩、散热器和其框架等部件都严重变形，发动机也被后推，碰撞影响还会扩展到车身后部的悬架等部位（图4-81）。

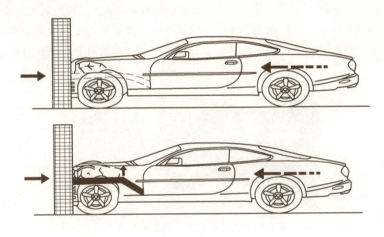

图4-81 撞击效果分析

3. 行驶方向对碰撞损坏的影响

当横向行驶的汽车撞击纵向行驶汽车的侧面时，纵向行驶汽车的中部会产生弯曲变形，而横向行驶的汽车除产生压缩变形还会被纵向行驶的汽车向前牵引，导致弯曲变形。

4. 整体式车身碰撞变形

碰撞的冲击力取决于汽车的重量、速度碰撞范围及碰撞源。就一次较轻的碰撞而言，保险杠会被向后推，前侧梁、保险杠支撑、前翼板、散热器支座、散热器上支撑和机罩锁紧支撑也被折曲。

如果碰撞的程度更为剧烈，那么前翼板就会折弯到前车门，机罩铰链会向上弯曲至前围上盖板，前侧梁也会折弯到前悬架横梁上并使其弯曲。如果振动足够大，前挡泥板以及前车身支柱将会弯曲（图 4-82），并使车门松卸掉下。另外侧梁会发生褶皱（图 4-83），前悬架构件将会弯曲，前围板和前车门平面也会弯曲。

图 4-82　前挡泥板及前车身支柱弯曲变形　　　　图 4-83　侧梁发生褶皱变形

如果碰撞来自某一角度（图 4-84），前侧梁的连接点就会成为旋转中心或旋转面，并发生侧向的和垂直方向的弯曲，由于左面和右面的前侧构件通过前横向构件连接在一起，碰撞引起的振动就会从碰撞点传递至另一侧的前部构件并引起其变形。

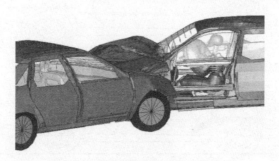

图 4-84　碰撞来自某一角度时的变形

（三）常见碰撞部位对车身的影响

1. 汽车前部碰撞

如图 4-85 所示，正面碰撞时力通过保险杠横梁传递到车辆内。

固定在保险杠支架上的防撞元件继续将力传递到发动机支架内。前桥架梁与弹簧支座共同作用的结果可有目的地实现变形吸能性能。即使车辆的碰撞接触面很小，碰撞力也能通过保险杠侧面防撞梁的横连杆、前围和前桥架梁分散到车辆左右两侧。

2. 汽车后部碰撞

汽车后部碰撞时其受损程度取决于碰撞面的面积、碰撞时的车速、碰撞物及汽车的质量等因素。如果碰撞力小，后保险杠、后地板、行李厢盖及行李厢地板可能会变形。如果碰撞力大，相互垂直的钢板会弯曲，后顶盖顶板会塌陷至顶板底面。而对于四门汽车，车身中立柱也可能会弯曲（图4-86）。

在汽车的后部由于有吸能区，碰撞时一般只在车身后部发生变形，保护中部乘坐室的完整和安全。

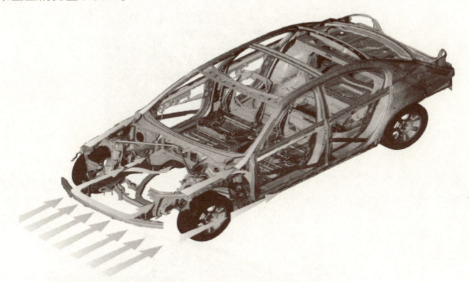

图4-85　汽车前部碰撞对车身的影响

图4-86　汽车后部碰撞对车身的影响

3. 汽车中部碰撞

当发生侧面碰撞时，车门、前部构件、车身中立柱以及地板都会变形。

如果中部侧面碰撞比较严重，车门、中柱、车门槛板、顶盖纵梁都会严重弯曲，甚至相反一侧的中柱和顶盖纵梁也朝碰撞相反方向变形。随着碰撞力的增大，车辆前部和后部会产生与碰撞相反方向的变形，整个车辆会变成弯曲的香蕉状（图4-87）。

如图4-88所示，如果侧面碰撞时可移动障碍物撞到车辆上，那么碰撞力首先从侧面防撞保护件和车门锁传递到A、B和C柱。继续变形时侧面防撞保护件的安全钩会钩在B和C柱上。此外，车门内板也会支撑在车门槛上。这样整

图 4-87 汽车中部碰撞对车身的影响

个侧围即可非常牢固地连接在一起。这表示从这个阶段起,碰撞力通过整体式的侧框架结构作用在车厢上。

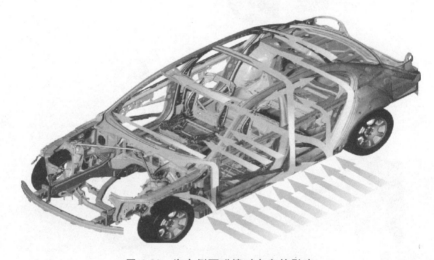

图 4-88 汽车侧面碰撞对车身的影响

4. 汽车顶部碰撞

当坠落物体砸到汽车顶部时,除车顶钢板受损外,车顶纵梁、后顶盖侧板和车窗也可能同时被损伤(图 4-89)。在汽车发生翻滚时(图 4-90),车的顶部顶盖、立柱,车下部的悬架会严重受伤,悬架固定点的部件也会受到损伤。

三、汽车钣金损伤评估与接待

对于维修服务顾问来说,能对车辆损伤做出初步判断是工作的重点;其次,维修服务顾问要能对维修时间、费用甚至维修方案做出初步判断;同时,维修服务顾问要对维修要达到的标准非常熟悉,以便于和客户沟通。

图 4-89 汽车顶部碰撞对车身的影响

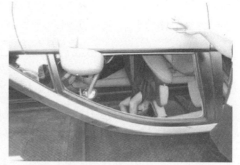
图 4-90 汽车翻滚对车身的影响

在汽车钣金业务接待中，维修服务顾问对车身的损伤进行判断时必须知道从哪些方面进行评估，采取什么样的方法进行评估，除此之外，维修服务顾问还需要了解汽车钣金的维修标准与流程，为与客户的顺利沟通储备必要的知识。

(一) 钣金维修原则

事故车的钣金维修评估是汽车维修作业的中枢，它不仅包含钣金作业，还起到上衔汽车机电、底盘调校，下接汽车涂装作业的作用，贯穿汽车维修活动的整个过程。事故车维修目标就是要使事故车的性能及质量修理恢复到原来的状况。

在汽车作业中，一般都要遵循图 4-91 所列的原则。

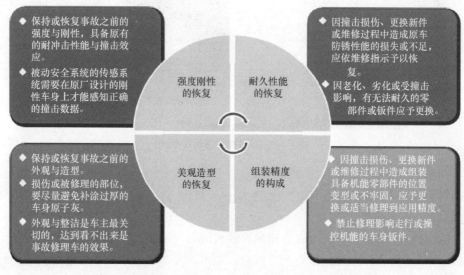

图 4-91 钣金维修原则

(二) 车身损伤分级

车身损伤按照严重程度，分为小损伤、中损伤和大损伤。一般来说，小损伤只要对损伤局部进行修复即可;中损伤只要影响车身其他部件的配合,就必须通过校正平台来修复;大损伤则必须要经过校正修复,见表4-12。

表4-12 车身损伤分级

损伤部位	车身前段	车身侧段	车身后段
小损伤	(1)前照灯总成受损 (2)翼子板护罩受损	车门开闭不良	(1)备胎架底板受损 (2)行李厢开闭不良
中损伤	(1)前侧梁弯曲 (2)中柱顶板部位变形	(1)轮距轴距尺寸改变 (2)中柱明显弯折 (3)前后门无法开启	(1)轮距尺寸改变 (2)行李厢备胎架底板受损波及中柱变形
大损伤	(1)发动机溃缩 (2)前隔板受损 (3)车顶板、前内规大变形	车顶板横梁变形	(1)车顶板变形 (2)乘客舱损伤

1. 外板件修复维修工艺:小损伤

通常外板件损伤是在汽车钣金维修中经常遇到的损伤,占日常维修中大部分。外板件修复维修工艺除了手工具,经常使用的修复工艺还有以下几项。

(1) 钣件切割与钻除作业 在日常维修过程中,经常会遇到板件更换。进行板件更换的作业,需要气动锯与气动钻。如图4-92所示。

图4-92 钣件切割与钻除作业

(2) 气体保护焊接 气体保护焊相对于其他的熔焊方式,热影响相对较低,操作简便。加之有保护气保护焊接区域,从而保证强度与焊接效果。如图4-93所示。

(3) 电阻点焊 电阻点焊运用接合铁板间(间隙)的高电阻,以低电压高电流使之产生高热,并加以压力使之接合。电阻点焊热影响小,焊接强度高,板件不易变形。如图4-94所示。

2. 结构件维修与测量:中损伤、大损伤

(1) 电子测量校正台(见图4-95) 电子测量精度高。同时有大量校正台可以对车体进行维修。电子车身校正仪在测量时采用电子测量,当新款车型问世

图 4-93　气体保护焊接

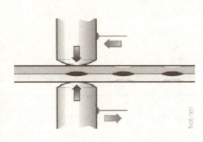

图 4-94　电阻点焊

时，只需要进行软件更新即可，成本较低。同时电子车身校正仪配有组合模具，在进行结构件更换时，可以起到一定的定位作用。

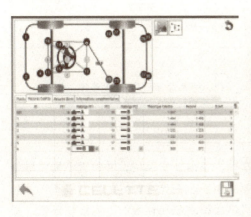

图 4-95　电子测量校正台

(2) 机械式大梁校正仪（见图 4-96） 测量与更换结构件时，都采用模具，使用很方便，但同时最大的缺点就是模具专一性，只适合一种车型，所以成本较高。

图 4-96 机械式大梁校正仪

（三）钣金业务接待流程（见表 4-13）

表 4-13 钣金业务接待流程

事故问诊	了解事故发生的原因和环境 了解事故发生时车内载荷 了解事故发生时驾驶状态 了解事故车的事故维修履历	通过污损物区别新旧伤 判断载荷造成的惯性损伤程度 判断车速造成的惯性损伤程度 确认本次损伤最佳修理方案
损伤判断	检查一次损伤位置 评估损伤变形量和面积 评估二次损伤情况 汇总损伤件数和维修方法	确认损伤源头 分析一次损伤冲击力波及程度 确认二次损伤部位 汇总损伤情况得出维修预案
功能检查	检查车身外观状况 检查底盘、轮胎、轮毂 检查常用电气设备 检查车辆内饰附件	全面观察确认,防止判断遗漏 全面观察确认,防止产生纠纷

在事故车接待过程中，要仔细检查车辆，找出损伤部位，并检查不需要维修的部位是否有其他损伤，以便减少不必要的纠纷。在光线较好的地方绕车仔细查看，以确定损伤位置、损伤处变形量、损伤面积及损伤件数。不同损伤部位、损伤程度所采用的维修方法也不同。

第六节 汽车事故保险与理赔

维修费用结算是汽车现场维修服务的最后一个环节。在绝大多数情况下,费用结算往往是通过各种各样的汽车保险实现的。保险理赔服务也是保险公司经营的最后一个环节,同时也是保护客户切身利益的重要环节。因此,维修服务顾问必须熟悉保险理赔规则,这样才能确保客户、事故车维修企业和保险公司利益共赢。

一、汽车保险基础知识

随着经济的发展,机动车辆的数量不断增加。当前,机动车辆保险已成为中国财产保险业务中最大的险种。机动车辆保险已涵盖汽车危险事故的大部分,交通部门已强制购车人员购买机动车辆保险,以保证在车祸事故中利益各方正当权益得到保障。

服务顾问一定要理解购买汽车保险的意义,清楚汽车保险的作用,熟悉汽车保险的特点,清楚常见险种的适用条件,才能更好地与客户沟通,才能实现客户、事故车维修企业和保险公司的利益共赢。

(一)汽车保险的概念

汽车保险俗称机动车辆保险,简称"车险",是以机动车辆本身及机动车辆的第三者责任为保险标的的一种运输工具保险;是以机动车辆本身及相关利益为保险标的的一种不定值财产保险。这里所说机动车包括:汽车、电车、电动车、摩托车、拖拉机、各种专用机械车、特种车。汽车保险既属于财产保险范畴,又属于责任保险范畴。

机动车辆保险一般包括交强险和商业险。

(1)交强险是由保险公司对被保险机动车发生道路交通事故造成受害人(不包括本车人员和被保险)的人身伤亡、财产损失,在责任限额内予以赔偿的强制性责任保险。

(2)商业险包括基本险和附加险两部分。基本险又称主险,分为车辆损失险和第三者责任保险;附加险包括全车盗抢险、车上人员责任险、玻璃单独破碎险、划痕险、自燃损失险、涉水行驶险、无过失责任险、车载货物掉落责任险、车辆停驶损失险、新增设备损失险、不计免赔特约险等。

(3)未投保基本险的,一般不能投保相应的附加险。附加险的时效隶属于其对应的基本险,基本险终止,对应的附加险也同时终结。附加险条款不得与对应的保险条款险抵触。

(二) 汽车保险的作用

汽车保险作为一种保险，具备了保险的基本职能，即组织经济补偿和实现保险金的给付。汽车保险是现代社会一种重要的处理风险的手段和经济补偿制度，对维护汽车行业乃至整个社会的健康稳定发展具有重要的作用。

首先，汽车保险有利于社会秩序的稳定。面对机动车使用过程中的越来越多的难以完全规避的风险及造成的损失，汽车保险可以将被保人个体的风险及损失在全体被保险人范围内进行转移和分散，可以避免被保人因事故责任而破产，也可避免驾驶员无力承担赔偿责任而造成第三者损失无法得到经济补偿。这些都有利于保持良好社会秩序。

其次，汽车保险有利于推动汽车的消费。汽车保险业务的普遍开展，一方面降低了车辆在维修过程中的成本；另一方面降低了客户对车辆使用风险的担忧，从而提高了客户购买汽车的欲望和能力。

最后，汽车保险有利于促进汽车制造业的发展。随着汽车保险在汽车各项业务中的逐步渗透，保险公司出于控制经营成本和降低营运风险的需求，对车辆维修的价格和质量都有较高的要求，进而加强了对事故车修理工作的监管，这样对维修的成本和质量都有很大的促进作用。同时，保险公司丰富的数据系统对汽车制造商集中分析和改进车辆设计缺陷起到了强大的推动作用，这些都有利于汽车质量的全面提高。

(三) 汽车保险的特点

机动车辆保险的赔偿方式一般为修复，但如果车辆重置价格比修理费用便宜的话，保险公司很可能宣称这辆车全损。一般来说，机动车辆保险的保险金额是新车的购买价格或者是车辆投保当时的价值，但是使用中车辆有折旧，另外保险公司会设置绝对免赔额，所以出现全损的情况下，赔款肯定会低于保险金额。这种保险的保险期间一般为一年或者一年以下，如果保险期间没有发生理赔，续保时可以享受无赔款优待费率。机动车辆保险具备以下特点：

(1) 出险率高。机动车辆属于交通工具，常态即是不停运动，所以很容易出现碰撞造成人身财产损失。

(2) 投保率高。由于机动车辆出险率高，所以机动车辆持有者及交通管理部门都通过保险转嫁风险，因此机动车辆投保率极高。

(3) 险种复杂。机动车辆保险分为基本险和附加险，其中附加险不能独立投保。基本险包括第三者责任险（三责险）、车辆损失险（车损险）；附加险包括全车盗抢险（盗抢险）、车上责任险、无过失责任险、车载货物掉落责任险、玻璃单独破碎险、车辆停驶损失险、自燃损失险、新增设备损失险、不计免赔特约险。而其中许多险种不能通过简单的字面意思进行理解，并且部分保险公司工作人员在介绍保险时存在误导的情况，导致消费者不能较好地理解各个险种的条款，造成误解，产生纠纷。

(4) 不确定性。由于机动车辆在陆上行驶、流动性大、行程不固定，对保险人而言，无疑增加了危险事故与保险损失的不确定性和难以预测性。

(5) 扩大可保利益。汽车保险只针对车辆，而不针对驾驶员（无违法行为）。这实际上是对保险合同中可保利益的一种扩大，同时也是保险责任的放大。

(6) 无赔款优待。无赔款优待是机动车辆保险特有的制度，其核心是保险费直接与实际损失相联系，从而鼓励被保险人及其驾驶人员严格遵守交通规则行车。

(7) 维护公众利益。在绝大多数国家均采用机动车辆第三者责任保险强制原则。其出发点都是为了维护公众利益，即确保在道路交通事故中受害的一方能够得到有效的经济补偿。

(四) 常见汽车保险的险种

家用汽车保险分为主险和附加险两部分。主险主要包括交强险、车损险和第三者责任险。附加险主要包括全车盗抢险、车上人员责任险、车身划痕险、自燃损失险、不计免赔特约险等。见表4-14。

表4-14 常见汽车保险的险种

	险种名称	责任范围	责任与风险免除
主险	交强险	由保险公司对被保险机动车发生道路交通事故造成受害人的人身伤亡、财产损失，在责任限额内予以赔偿的强制性责任保险	受害人不包括本车人员和被保险人
	车损险	保险标的是车身及其零部件、设备等，保险责任包括： 碰撞责任指被保险车辆与外界物体的意外接触； 倾覆责任指由于灾害或意外造成本车翻倒而失去正常状态，不经施救不能恢复行驶； 非碰撞责任包括各种自然灾害和意外事故	暴乱、扣押、罚没、征用；进厂修理；违法活动；使用酒、毒、麻醉品后保险车辆；肇事逃逸、非法驾驶；自然耗损、贬值等
	第三者责任险	承保被保险人或其允许的合格驾驶员在使用被保险车辆过程中发生意外事故、而致使第三者人身或财产受到直接损毁时被保险人依法应当支付的赔偿金额。保险人依照保险合同的规定进行补偿	对第三者的各种间接损失；非法驾驶；被保人故意行为；被保人及车内人员伤亡及所有或代管的财产损失

续表

	险种名称	责任范围	责任与风险免除
附加险	全车盗抢险	由公安机关出具合法手续证明；因被盗窃、被抢劫、被抢夺造成车辆的全部损失，或期间车辆损坏或车上零部件、附属设备丢失所造成的损失；在被抢劫、抢夺过程中，受到损坏需要修复的合理费用	故意损坏、局部损坏或失窃、纠纷造成车辆被抢、诈骗、罚没
	车上人员责任险	车辆发生意外事故，造成车内人员的人身伤亡，保险公司依法按合同赔偿	非法载客、疾病、自杀、自残、斗殴、犯罪行为
	车身划痕险	简称划痕险。作为车损险的补充，为意外原因造成的车身划痕提供有效的保障。划痕险针对的是车身碰撞不明显的漆面的划痕	碰撞痕迹明显；被保人及家人故意损伤；驾驶人及家人故意损伤
	玻璃单独破碎险	简称玻璃险。指被保险的车险在使用过程中，只有挡风玻璃和车窗玻璃（不包括车灯、车镜玻璃）出现破损的情况下保险公司才可以进行赔偿	其他部位损坏引发玻璃损坏、维修过程中损坏
	自燃损失险	简称自燃险。指保险车辆由于电、线路、供油、气系统、货物燃烧、车运转摩擦起火，造成被保车辆的损失；被保人为减少被保车辆损失而必要支出的合理施救费用	电、线路、供油、气系统、货物燃烧没有波及车辆其他部件
	不计免赔特约险	经特别约定，按对应投保险种，本应由被保人自行承担的免赔金额，由保险公司承担	无法找到第三方、非预定驾驶人、合同其他约定
	新增设备险	被保车辆新增设备直接损毁	新增设备的车辆原有附件

二、汽车保险事故处理与理赔流程

客户都知道要给车辆投保，但是有不少客户对于在出险后事故如何处理以及如何理赔并不是很清楚。因此，作为汽车维修业务服务顾问，必须熟悉保险公司的规定，掌握其简易理赔流程，做好保险公司和顾客之间的桥梁，这样既有利于维修费用的结算，也有利于提升客户满意度。在实际操作中，服务顾问要按照流程，快速而有序地帮助客户完成理赔工作。

（一）机动车商业保险事故处理流程

(1) 拨打交巡警电话报案。
(2) 拨打保险公司电话让保险公司人员出示现场。
(3) 确定现场交通事故的具体情况。
(4) 确定现场人员受伤情况。

(5) 交巡警出示《道路交通事故认定书》。

(6) 确定《道路交通事故认定书》所描述的情况属实。

(7) 确定受伤人员的人数，在认定书上表明受伤人员的名字。

(8) 对受伤人员的伤势鉴定，并出示伤者的诊断书。

(9) 伤者到医院检查需提供医院的诊断证明，并出示误工证明，证明上详细描述出准确的休息时间。

(10) 保留进医院检查所产生的一切费用的发票。

(11) 保留受伤人员的身份证复印件。

(12) 保险公司人员提供现场《定损单》。

(13) 确定《定损单》与《道路交通事故认定书》上描述的信息一致。

(14) 双方（车辆肇事方与受害方）需提供身份证复印件、机动车行驶证复印件、保单号的复印件。

（二）机动车商业保险理赔简化流程

当发生了保险合同约定的保险事故后，被保险人应按照下述步骤办理：

1. 通知保险公司

保险事故发生后，被保险人应将保险事故发生的时间、地点、原因及造成的损失情况及保险单证号码、机动车辆型号、保险险种险别、保险期限等事项，以最快的方式通知保险公司。在保险公司抵达出险现场之前，被保险人应采取必要的抢救措施，并对受损的机动车辆进行必要的整理。

2. 接受保险公司检验

被保险人应接受保险公司或其委托的其他人员（如保险代理人、检验机关）在出险现场检验受损的机动车辆，并提供各种方便，以保证保险公司及时准确地查明事故原因，确认损害程度和损失数额。

3. 提出索赔申请并提供索赔单证

被保险人应根据有关法律规定和保险合同，向保险公司提出索赔申请并提供相应的索赔单证。机动车辆事故索赔一般应提供如下单证：

(1) 保险单。

(2) 出险通知书。

(3) 保险车辆事故证明、责任认定书。

(4) 有关修理费用及施救费用的发票及其清单。

(5) 涉及第三者财产损失、人员伤亡的还要提供事故调解书和费用单据。

(6) 对部分案件，保险公司还会要求提供驾驶员驾驶证和身份证复印件。

4. 领取保险赔款

接到领取赔款通知后，被保险人应尽快领取保险赔款，赔款超出3个月不领保险公司视为放弃领取。领取赔款时，法人团体要在权益转让书及赔款收据上盖章,个人要在权益转让书及赔款收据上签字。图 4-97 为某保险公司理赔指南。

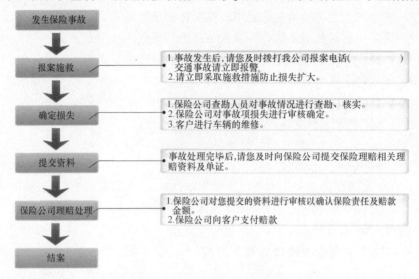

图 4-97 某保险公司理赔指南

(三) 车险理赔误区点评

现实中,有许多车主虽已投保机动车险却无法在发生保险事故后获得理赔,大多数是因为其对保险的认识存在误区,笔者总结了以下案例,希望对广大车主有所提示。

案例一:只要投保就能获赔偿

姜某为自己的爱车投保了第三者责任险,保险期限为一年。一个月后,姜某见春运到来,乘客大增,遂想通过客运赚点外快,于是未通知保险公司而将车用于营运。不料却在一个月后发生交通事故,致使一人重伤,用去医疗费用 5 万余元。但她向保险公司索赔时,却被拒赔。

点评:《中华人民共和国保险法》(以下简称"保险法")第 52 条规定:"在合同有效期内,保险标的的危险程度显著增加的,被保险人应当按照合同约定及时通知保险人,保险人可以按照合同约定增加保险费或者解除合同。保险人解除合同的,应当将已收取的保险费,按照合同约定扣除自保险责任开始之日起至合同解除之日止应收的部分后,退还投保人。被保险人未履行前款规定的通知义务的,因保险标的的危险程度显著增加而发生的保险事故,保险人不承担赔偿保险金的责任。"

姜某擅自将非营运车辆作为营运车辆使用,属增加危险程度而未告知,也就只能自食其果。

案例二:只要属实就能获赔偿

杨某为爱车投保车辆损失险的有效期限是 2011 年 1 月 4 日零时至 2012 年 1

月3日24时。2011年3月11日晚11时许,杨某驾车在山区行驶时,不慎撞上石壁。可杨某考虑夜深人静又在边远山区,遂未曾报案即驾车离开。不料,事后保险公司拒绝理赔其6900余元修理费用。

点评:《保险法》第21条规定:"投保人、被保险人或者受益人知道保险事故发生后,应当及时通知保险人。故意或者因重大过失未及时通知,致使保险事故的性质、原因、损失程度等难以确定的,保险人对无法确定的部分,不承担赔偿或者给付保险金的责任,但保险人通过其他途径已经及时知道或者应当及时知道保险事故发生的除外。"

现实中,虽然驾驶员离开现场的动机不尽相同,但即使如同杨某那样出于方便自己和他人,而未及时报案而擅自驾车离开事故现场,导致事故发生的原因及性质无法查清的,也只有自己承担损失。

案例三:只要损失真实就能获赔偿

梁某驾车撞坏他人汽车后即向交警和保险公司报了案。通过勘查,交警认为梁某应负事故的全部责任并扣押了梁虹的汽车。为尽快让交警放出汽车,梁某在对方汽车尚未修理的情况下,即与其讨价还价,最后一次性付给对方3万元。当梁某凭对方收条要求保险公司理赔时遭到拒绝。

点评:《保险法》第22条规定:"保险事故发生后,按照保险合同请求保险人赔偿或者给付保险金时,投保人、被保险人或者受益人应当向保险人提供其所能提供的与确认保险事故的性质、原因、损失程度等有关的证明和资料。"

《最高人民法院关于民事诉讼证据的若干规定》也指出:向法院起诉或者反诉应当附有相应的证据材料。没有证据或者证据不足以证明当事人的事实主张的,由负有举证责任的当事人承担不利后果。

因此,如果梁某不能证明损坏的部件、损坏的程度、损失的大小,保险公司便有权拒绝仅按对方出具的收条理赔。

案例四:只要有纠纷法院就得管

郭某与保险公司签订机动车保险合同时,虽发现草案中写明:"如双方发生争议,由仲裁部门进行裁决。"但并未在意,认为如对裁决不服,再诉请法院也不迟,遂未提出异议。两个月后,双方由于交通事故赔偿产生纠纷,经仲裁裁决,郭琳因不服而提起诉讼,不料却被法院驳回。

点评:虽然《中华人民共和国民事诉讼法》第26条规定:"因保险合同纠纷提起的诉讼,由被告住所地或者保险标的物所在地人民法院管辖。"《最高人民法院关于适用〈民事诉讼法〉若干问题的意见》第25条也指出,如保险标的物是运输工具或者运输中的货物,由被告住所地或者运输工具登记注册地、运输目的地、保险事故发生地的人民法院管辖。即一般情况下,郭某有权向上述有关法院起诉。但是《中华人民共和国仲裁法》第5条规定:"当事人达成仲裁协议,一方向人民法院起诉的,人民法院不予受理"。

第七节
汽车道路救援

随着我国汽车消费市场的日益成熟,道路救援服务业务应运而生,它将汽车生产厂商、汽车经销商、专业的救援实施机构以及客户整合在一起,形成了以车辆为中心载体,以服务为导向,以解决客户燃眉之急为宗旨,为客户提供规范、专业、法制、人性和快捷的服务。其中,多数品牌4S店也配备了专业的救援车辆,具备了为品牌车辆客户和有需求客户的救援服务职能。

在汽车道路救援业务接待中,服务顾问应遵循道路救援的流程,结合道路救援的要求,要尽量详细地在电话中问清车辆所在的地点以及症状并及时向救援人员反馈。

一、道路救援的概念

道路救援指汽车道路紧急救援,为故障车主提供包括诸如拖吊、换水、充电、换胎、送油以及现场小修等服务;同时也指交通事故道路救援,包括伤员救治、道路疏导等。一般来说,道路救援都是要收费,只是收取的方式略有差异。

道路救援服务在国外早就已经非常成熟了。在道路交通事故紧急救援法规建设、机构设置、救援队伍、急救方案决策和支持保障体系等方面,形成了比较完善的紧急救援体系,为减少交通事故人员伤亡和财产损失发挥了重要作用。

中国的道路救援从20世纪90年代开始。随着社会经济的发展和社会保障体系的完善,以及公安、卫生、消防、市政和保险等部门的进一步协调,我国的道路救援力量正在快捷高效发展,在保证交通安全、降低事故损失、保护生命财产安全、构建顺畅和谐的交通方面发挥着越来越积极的作用。图4-98所示为道路救援车辆。图4-99所示为救援车辆所配备的工具箱。

二、道路救援的作用

道路救援能将客户因车辆故障而导致的不愉快经历,通过经销商及时、周到和专业的服务,转化为汽车品牌对客户关怀的体验,从而提高客户的满意度和忠诚度,增加经销商的直接或间接收益,达到制造商、经销商和客户共赢的目的。

图 4-98 道路救援车辆

图 4-99 救援车辆配备的工具箱

三、道路救援的常见故障

道路救援含路边救援和拖车服务。

路边救援的对象一般是由于车辆自发故障造成车辆无法行驶，一般采取现场修理的方法。通常可以得到有效救援的故障主要有以下几方面。

（1）电子故障造成的抛锚。

（2）机械故障造成的抛锚。

（3）驾驶者的失误，包括电瓶没电、爆胎、钥匙锁在车内或丢失、没有燃料、冷却液不足。

拖车服务的主要救援对象是事故车，一般无法现场修复，必须要拖到修理厂维修。救援人员在拖车的同时，要帮助客户回到交通便利的地段，必要时帮户客户托运行李、预订宾馆或者叫计程车。如图 4-100 所示。

图 4-100 拖车服务

四、道路救援的流程

以任务描述中的 BMW X3 轿车在高速公路上发生事故，车辆无法启动为例，如图 4-101 所示。

图 4-101 道路救援的流程

(1) 客户从抛锚现场致电品牌售后服务中心 24h 热线。

(2) 服务中心把客户信息传递到距离事故车最近的经销商道路救援中心。

(3) 服务顾问致电事故车客户,对事故车抛锚的时间、地点、型号、故障症状做全方位了解并登记,并电话引导客户做简单排查。

(4) 根据事故描述,安排客户服务车和技工前往现场。

(5) 填写车辆状况调查表,一式三份,客户、经销商、拖车公司各执一份(如果需要拖车的话)。

(6) 在路边救援无法对车辆进行修复的情况下,安排拖车服务。

(7) 妥善安置好客户,必要时帮户客户托运行李、预订宾馆或者叫计程车。

参 考 文 献

[1] 贾遂均，等. 如何做好汽车维修业务接待. 第3版. 北京：机械工业出版社，2013.
[2] 曾鑫. 汽车维修业务接待. 北京：机械工业出版社，2017.
[3] 马涛，范海飞. 汽车维修业务接待. 第2版. 北京：人民交通版社，2016.
[4] 黄芳. 汽车维修业务接待. 北京：电子工业出版社，2015.
[5] 腾仙娟. 合众汽车馆：4S店汽车维修业务与接待. 上海：上海科学技术文献出版社，2016.